Viver com saúde e bem estar, o mais possível em harmonia com as leis da natureza, está ao nosso alcance. Atingirmos um bom equilíbrio físico e espiritual é alcançarmos, também, uma nova consciência de nós e do que nos rodeia.
Esta colecção tem em vista essa finalidade: estar em forma significa estar em harmonia connosco e com o mundo exterior.
Ao abranger áreas tão diversas como, por exemplo, a prática desportiva, a saúde e a dietética, visa proporcionar ao leitor manuais de fácil consulta e uma informação de qualidade.

OBRAS PUBLICADAS

1. WA-DO — OS MOVIMENTOS INSTANTÂNEOS DO BEM-ESTAR, *Tran Vu Chi*
2. MANUAL DE CULTURA FÍSICA, *J. E. Ruffier*
3. O TRATAMENTO DA ASMA, *Dr. Chris Sinclair*
4. A COZINHA SAUDÁVEL, *Anne Barroux*
5. O PODER CURATIVO DOS CRISTAIS, *Magda Palmer*
6. O TRATAMENTO DAS ALERGIAS, *Keith Mumby*
7. ALIMENTAÇÃO RACIONAL BIOLÓGICA PARA SÃOS E DOENTES, *Adriano de Oliveira*
8. VITAMINAS E SAIS MINERAIS, *Charles Picard*
9. O PODER CURATIVO DOS METAIS, *Emilio de Paoli*
10. O PRAZER DE ESTAR EM FORMA, *Henry Czechorowski*
11. COMO EQUILIBRAR O SEU PESO, *Francine Boucher e Robert Pauzé*
12. MÉTODOS NATURAIS E SEM RISCO PARA REDUZIR O VENTRE, *Jacques Staehle*
13. A SAÚDE E AS MEDICINAS NATURAIS, *Jacques Staehle*
14. SEXO — FONTE DE SAÚDE E PRAZER, *Eva Méndez Chacón*
15. COMO VENCER A CELULITE, *Bruno Massa*
16. O VINHO — PROPRIEDADES DO SUMO DA UVA, *J. V. Pérez*
17. A BOA DIGESTÃO, *Mara Ramploud e Mara Breno*

MÉTODOS NATURAIS E SEM RISCO
PARA
REDUZIR O VENTRE

Título original: *Effacer le Ventre*
© Jean-Pierre Delarge. Éditions Universitaires, 1978

Tradução: Maria da Conceição Trindade Calha

Revisão: Serviços Editoriais de Edições 70

Capa: Madalena Duarte

Depósito Legal nº 201367/03
ISBN 978-972-44-1426-3

Impressão, paginação e acabamento:
PAPELMUNDE
para
EDIÇÕES 70, LDA.
Setembro de 2007

Direitos reservados para todos os países de língua portuguesa
por Edições 70, Lda.

EDIÇÕES 70, Lda.
Rua Luciano Cordeiro, 123 – 1º Esqº – 1069-157 Lisboa / Portugal
Telefs.: 21 3190240
Fax: 21 3190249
e-mail: geral@edicoes70.pt

www.edicoes70.pt

Esta obra está protegida pela lei. Não pode ser reproduzida,
no todo ou em parte, qualquer que seja o modo utilizado,
incluindo fotocópia e xerocópia, sem prévia autorização do Editor.
Qualquer transgressão à lei dos Direitos de Autor será passível
de procedimento judicial.

Jacques Staehle

MÉTODOS NATURAIS E SEM RISCO
PARA
REDUZIR O VENTRE

70

Introdução

Diminuir o volume do abdómen para conseguir um equilíbrio geral

Tantas esperanças perdidas!

Para conseguir um abdómen normal não basta fazer ginástica, comer menos ou comprar o aparelho ou o creme milagroso enaltecidos pela publicidade.

Muitas pessoas, com uma silhueta cada vez menos elegante devida a exercícios, são prova disso. Porquê? Porque não basta aumentar o dispêndio de energia e diminuir a sua absorção, praticando exercício físico e comendo menos, para nos vermos livres da gordura supérflua.

Na origem do abdómen adiposo estão os órgãos intoxicados por sucessivas más digestões. Resultado: um aumento de gordura no corpo. A gordura aloja-se de preferência onde o organismo funciona mal. Antes de mais, ser ventripotente é ser obeso. As causas da ventripotência encontram-se mais no interior do que no exterior do abdómen.

Vejamos: as verdadeiras causas de um abdómen proeminente são não só uma alimentação muito pesada mas também, e sobretudo, uma alimentação mal escolhida e geradora de digestões difíceis.

Os conceitos habituais de dietética de baixas calorias e de ginástica são desadequados, porque não têm em conta o factor primordial comum a todos os que têm tendência para a obesidade: a digestão difícil.

Para toda a gente, e em particular para essas pessoas, seria necessário reexaminar os conceitos médicos de bem comer e de bem beber, acrescentando-lhes um novo elemento: a boa ou má combinação dos alimentos.

Alimentos mal combinados provocam fermentações nos intestinos, putrefacções e gases. Os intestinos intumescidos dilatam-se. Esteticamente, a consequência de uma tal dilatação é catastrófica. Mas, contrariamente à opinião comum, é sobretudo a saúde que vai sofrer as consequências futuras. Os problemas digestivos são decisivos para o equilíbrio fisiológico.

O aspecto exterior é o reflexo das perturbações internas. É um engano pensar que é possível modificar a aparência sem tratar do fundamental. O ideal será cuidar do interior, dos órgãos deficientes, modificando ao mesmo tempo o exterior, a musculatura. Assim se evitarão futuros distúrbios.

Eis o motivo por que este livro reúne tanto técnicas resultantes da dietética e da acupunctura como do ioga e da aromaterapia.

Sei porque falo assim: fui ventripotente. Só tarde compreendi porquê. A partir daí, deixei de recear este inchaço desagradável e o rol de problemas de saúde que sempre o acompanham.

Aos 23 anos, pesando 86 quilos, seguia despreocupadamente o caminho que leva à obesidade. Meu pai (120 quilos) tinha um certo ar jovial, mas nem sequer gozou a sua reforma.

A obesidade dificilmente é compatível com uma terceira idade saudável.

Introdução

Hoje, poderia ter salvo o meu pai naquilo em que todos os médicos consultados falharam. Não foi, no entanto, por falta de dietas. E que dietas! Tristes, desenxabidas, insípidas, pouco variadas, sem gosto... Quanto aos medicamentos, só contribuíram para agravar o seu caso! Diuréticos, inibidores do apetite, extractos tiroidianos transtornam a nossa fisiologia. Se ajudam a emagrecer durante algum tempo, contribuem para que depois se engorde mais. Muito mais grave ainda: são contra-indicados, pois fatigam consideravelmente os nervos e o fígado, órgãos-chave de um verdadeiro equilíbrio.

Foi prejudicando assim o fígado e os intestinos que meu pai comprometeu definitivamente a sua saúde.

Eu, que tive uma juventude movimentada e era filho de hepático, atingi a adolescência débil, sofredor e cardíaco.

Alguns anos depois comecei a engordar.

Não me foi nada agradável ser magro; ser obeso foi-o ainda muito menos.

Portanto, enfrentei o problema de maneira decisiva: regime e ginástica diária. Resultados encorajantes, nada mais. Mas a verdadeira transformação, tanto física como mental, foi-me oferecida pelo ioga.

Ajudou-me a compreender as necessidades do corpo. Decidi, portanto, alterar a minha vida e aprender a cinesiterapia.

Sabia de que era feito e como funcionava um ser humano; sabia também que tinha ainda muito a aprender. Daí em diante, não deixei de estudar e tentar compreender. Muito entusiasmado, fui sempre dos primeiros a utilizar as últimas novidades, e os milhares de casos tratados permitiram-me tirar inúmeras conclusões.

Eis algumas delas:

Porque se ganha barriga?

Normalmente, por várias razões:
— alimentos mal digeridos, porque mal adaptados a um sistema digestivo preguiçoso ou perturbado; a gordura alo-

ja-se de preferência junto a um órgão cujo funcionamento seja lento. O metabolismo, isto é, as transformações, não se fazem convenientemente;

— relaxamento muscular abdominal por falta de exercício apropriado, bem como o uso excessivo do automóvel nas deslocações;

— sistema nervoso perturbado.

Porque se deve remediar esta situação?

Independentemente do ponto de vista estético, os riscos de um abdómen proeminente podem ser graves:

— a prisão de ventre, que contribui para o mal-estar, ou os órgãos descaídos por distensão dos ligamentos suspensos;

— perturbações de funcionamento dos órgãos digestivos devidas à gordura que os rodeia. Isso pode contribuir para certos tipos de reumatismo: as lombalgias, as ciáticas, que são muitas vezes provocadas e mantidas por um abdómen distendido;

— perturbações respiratórias por falta de tonicidade abdominal, que não fornece o apoio necessário ao diafragma;

— perturbações cardíacas: sobrecarga de peso (o que equivale a transportar às costas um saco de 20 quilos ou mais durante todo o dia);

— intoxicação: resíduos de uma má digestão.

Como se pode remediar esta situação?

1.º Tentando reequilibrar o sistema nervoso através da massopunctura, do ioga, do relaxamento, da respiração e da alimentação equilibrada.

2.º Evitando a obesidade, a flatulência, a aerofagia, os gases intestinais, a prisão de ventre, as más digestões, através de uma higiene alimentar, da massopunctura, de exercícios físicos apropriados, de tisanas, da aromaterapia, da aplicação de argila ou jejuando.

3.º Anulando as gorduras e evitando a sua produção através da higiene alimentar, do exercício, do relaxamento e de oxigenação.

4.º Tonificando os músculos, praticando o exercício, o ioga, fazendo ginástica, simples ou de aparelhos.

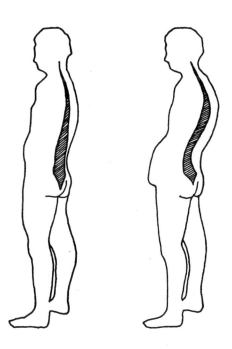

Estes homens nasceram no mesmo ano. Temos a idade que a nossa forma física aparenta.

O que espera o ventripotente

— Uma distensão dos músculos abdominais, dos dorsais lombares e dos das nádegas, com repercussão na coluna vertebral que se curva (atitude geradora de artrose e de dor).

— Um retraimento da caixa torácica, que implica uma diminuição da capacidade do espaço vital para os órgãos (coração, pulmões, artérias). Ao nível abdominal, por sua vez, tudo é propício à descida dos órgãos (estômago, intestino grosso, rins, etc.).

Uma prescrição

Este livro, panorâmica de todas as terapêuticas naturais susceptíveis de fazerem desaparecer definitivamente as proeminências abdominais, pode também ser utilizado como guia, conforme o caso pessoal, os gostos e as aptidões.

Quando a ventripotência se encontra instalada

É o caso extremo. A silhueta é deplorável e o estado geral perturbado por sucessivas degradações digestivas. São necessárias duas fases de tratamento:

1.º A desintoxicação.

Libertar-se das toxinas, exige primeiro o repouso do sistema digestivo, observando, conforme a coragem inicial: um jejum curto (1 a 3 dias) com dieta hídrica ou uma monodieta (utilização de um só alimento por unidade de 24 horas: arroz integral, fruta, legumes...). Após este jejum, o sistema digestivo regenera-se rapidamente e retoma forças, ao mesmo tempo que os órgãos se esvaziam. É nesse momento que se aconselha que se limpe o intestino e o estômago pela técnica da lavagem, de que falaremos mais adiante.

Todas as pessoas podem aproveitar estas regras de higiene alimentar, cujo resultado só pode ser benéfico. Mas para o verdadeiro ventripotente, elas são indispensáveis. Será para ele, cujos hábitos são desastrosos, que as mesmas apresentarão mais dificuldades. Será necessário um grande apoio psicológico, que encontrará no ioga, no relaxamento, na digitopunctura ou na automassagem, separadamente ou em conjunto, sendo estas técnicas complemento umas das outras.

2.º A reeducação alimentar.

É bastante simples, sobretudo se utilizarmos alguns suplementos alimentares, como ó o caso da *Dievitina* (fonte natural das vitaminas do complexo B e ferro), o gérmen de trigo (estabilizado), o leite acidificado e a «Maguesine», cuja riqueza em sais halogenados de magnésio permite devolver ao organismo a harmonia muscular.

Durante esta fase, é notória a melhoria das funções hepática e digestiva.

Quando a ventripotência está no início

As técnicas expostas neste livro são aplicáveis em quase todos os casos. Mas é possível encontrar (e não duvido que sejam o maior número) pessoas que não tenham necessidade de se preocupar muito nem de tomar as coisas muito a sério.

Neste caso, basta escolher as técnicas mais convenientes, insistindo na correcção dos erros alimentares, e utilizando meios fáceis e eficazes para os corrigir, como a fitoterapia, a aromaterapia, a argila ou a hidroterapia.

Esta obra permite ter uma ideia nova, prática e natural do modo de viver segundo as exigências do corpo. Respeitando-as e adaptando-as ao modo de vida de cada um, poder-se-á ter a certeza de ficar vacinado contra a ventripotência.

Os trinta anos não são responsáveis pelo aparecimento de gordura no ventre. As verdadeiras causas são a ignorância alimentar — mesmo naqueles que pensam que vivem «dieteticamente» —, e os erros do modo de vida geradores de más digestões e de obesidade.

Os meios são simples e nada incómodos. O resultado, não apenas um abdómen normal mas também uma saúde francamente melhor e sem dissabores, como a prisão de ventre, a colite ou a aerofagia.

Graças ao estudo das necessidades fisiológicas e dos diferentes regimes, todos poderão compreender melhor como preparar a própria alimentação em função do seu temperamento e do seu modo de vida. Saberão desintoxicar o organismo pelo jejum ou pela monodieta. O conhecimento de alimentos apropriados permitirá evitar carências vitamínicas e minerais. Poderão resolver os seus problemas de prisão de ventre, contribuindo para o bom funcionamento do fígado, intestinos e estômago. Em certas circunstâncias, a utilização de argila ou da hidroterapia prestará os melhores serviços. A prática de alguns exercícios físicos tonificará os seus músculos; com o ioga, aprenderão a respirar e a relaxar-se: a sua prática contribuirá para o reequilíbrio físico e mental, indispensável ao bom funcionamento dos órgãos digestivos.

A alimentação

*«Diz-me o que comes,
dir-te-ei o que virás a ser».*

(Claude Bernard)

Todos os nutricionistas são unânimes em dizer que a alimentação desempenha um papel preponderante na saúde. Mas, de todos os regimes propostos, qual deveremos escolher? De entre os regimes em voga, o mais seguro será adoptar uma alimentação equilibrada e adaptada às nossas necessidades. Após uma breve revisão das necessidades fisiológicas, passaremos em revista diferentes tipos de alimentação. Sendo essencialmente prático o objectivo deste livro, vou enumerá-los sucintamente.

Pequeno resumo de dietética

Proteínas

*Necessidades diárias dos adultos:
1 a 2 g por kg de peso*

Encontram-se em todas as células vivas.
O seu valor nutritivo depende dos ácidos aminados que contêm.

Encontram-se no reino animal e nos vegetais:

Por 100 g de alimentos   *cerca de*
- Carne .... 15 a 20 %
- Peixe .... 10 a 15 %
- Ovos .... 13 %
- Leite .... 4 %
- Queijo .... 25 %
- Feijão .... 22 %
- Ervilhas secas .... 25 %
- Arroz integral .... 15 %
- Trigo integral .... 30 a 50 %
- Levedura de cerveja .... 30 %
- Gérmen de trigo e soja .... 40 %
- Amêndoas .... 18 %
- Nozes .... 15 %
- Cogumelos .... 5 %
- Legumes frescos .... 1 a 2 %

O organismo tem necessidade dos componentes dos prótidos: os ácidos aminados. Os defensores da alimentação à base de carne sustentam que só o reino animal oferece os ácidos aminados indispensáveis. Eis, contudo, uma comparação da quantidade de ácidos aminados essenciais existente em dois cereais —trigo e arroz integrais —, em relação à necessidade do organismo. Limito-me a citar a análise do livro de M. Geofroy *Le Médecin Muet*. De salientar que M. Geofroy, traumatizado pela hiperite durante a guerra de 1914-1918, escolheu a alimentação vegetariana para salvar a vida. Aos 91 anos, ainda se encontrava em muito boa forma.

Ácidos aminados	Necessidade diária de um adulto de 60 kg	Trigo integral 100 gr	Arroz integral 100 gr
Lisina	0,22	0,35	0,40
Triptofano	0,15	0,15	0,16
Fenilalanina	0,22	0,60	0,37
Metionina	0,23	0,31	0,37
Treonina	0,35	0,41	0,40
Leucina	0,51	0,87	1,02
Isoleucina	0,47	0,50	0,65
Valina	0,54	0,54	0,77

Este quadro é suficientemente explícito para se compreender que a carne não é indispensável, uma vez que se encontram os mesmos ácidos aminados no reino vegetal.

Um eminente cancerólogo inglês, o professor Burkitt, põe em causa o abuso de gorduras animais e a falta de fruta, legumes e cereais na nossa alimentação. Por sua vez, o doutor Meyer, de Lyon, na sua tese de doutoramento em medicina, salienta que as regiões do Norte, onde se comem mais gorduras animais e menos fruta, legumes e azeite do que no centro, têm a taxa mais elevada de cancerosos (com excepção do cancro do estômago) e as regiões do centro, a taxa mais baixa (com excepção do cancro do pâncreas). Estes dois médicos concluem que deveríamos diminuir significativamente o consumo de gorduras e carnes e aumentar o consumo de cereais, fruta, legumes e óleos vegetais. Mais uma razão ainda para não correr o risco de um regime muito sobrecarregado de carne, que favorece a prisão de ventre e torna o trânsito intestinal mais lento, por falta de celulose.

Além disso, a carne contém numerosas toxinas e substâncias alcalóides que contribuem para a intoxicação do nosso organismo. Não esqueçamos que a carne, por mais magra que seja, é muito rica em matérias gordas animais, tão nocivas à saúde, como é do conhecimento geral.

Apesar de ser dispensável, uma alimentação rica em carne pode, no entanto, ser agradável. Se não houver excessos, não há qualquer razão para a proibir. No entanto, é inútil comê-la sem que lhe sintamos a necessidade e só porque a julgamos indispensável.

Glúcidos

Hidratos de carbono

*Necessidade diária:
5 g por kg de peso*

São o alimento energético: pão, batatas, arroz, bolos, açúcar, féculas.

Os grãos de leguminosas e de cereais contêm 50 a 80 % de hidratos de carbono.

Por 100 g de alimentos

Ervilha e feijão 60%
Arroz... 80%
Farinha de trigo 72%
Massas... 74%
Pão... 55%
Passas de uva.................................. 68%
Tâmaras 70%
Açúcar 99%
Mel.. 80%
Fruta ....entre 10 a 20%
Nozes, avelãs, amêndoas .... 15 a 20%
Batatas... 20%

A digestão começa na boca e daí o interesse em mastigar bem; continua depois no estômago, até ao momento em que o conteúdo deste se torna muito ácido; termina então no intestino, em meio alcalino. Os alimentos são transformados em açúcar simples — glucose-galactose-frutose — e têm necessidade de vitamina B para o seu metabolismo. Os hidratos de carbono não utilizados imediatamente para fornecer energia ou calor podem ser armazenados pelo fígado sob a forma de glicose e também sob a forma de gordura. Convém, portanto, comê-los com moderação.

Para certos dietistas modernos basta, muito simplesmente, suprimi-los, porque, segundo eles, pelo facto de existir uma neoglicogénese, são apenas verdadeiramente necessários os prótidos e os lípidos. Ora, é de glúcidos que o nosso corpo tem mais necessidade no dia-a-dia (350 a 250 g para 50 g de prótidos, e ainda menos de lípidos). Os orientais consomem mais glúcidos e não são, por isso, mais gordos. O essencial é saber utilizar estes glúcidos, mastigá-los bem, escolhê-los e não abusar deles.

A Alimentação

Os bons glúcidos: arroz integral, milho, flocos de aveia integral, de cevada, de frumento, de milho miúdo e todos os cereais integrais; o pão integral, a fruta, o mel.

Os maus glúcidos: o arroz, o pão, as massas finas — isto é, brancas —, a compota e, sobretudo, o açúcar.

Lípidos

Muito energéticos.
Ricos em vitaminas lipossolúveis.

Necessidade diária:
0,5 a 1 g por kg de peso,
conforme a estação

Animais

Toucinho	86%
Manteiga	80%
Natas	30%
Queijo	30 a 50%

Oleaginosas

Nozes, amêndoas, avelãs, azeitonas, amendoins, soja, sésamo } 40 a 60%

São digeridos no duodeno e no intestino delgado.

É necessário evitar as gorduras animais ricas em ácidos gordos saturados, que, juntamente com o colesterol, formam um composto pesado, dificilmente dissociável, que aumenta a viscosidade do sangue e favorece a arteriosclerose.

Já o mesmo se não passa com as oleaginosas, ricas em vitamina F (ácido linoleico) — ácido gordo não saturado que tem a função de provocar a fermentação necessária à síntese das gorduras.

A taxa de colesterol baixa se utilizarmos óleo de noz, de girassol, de milho, de soja, de trigo (obtido por pressão a frio) que contêm ácidos gordos polinssaturados, o que diminui o risco de doenças cardiovasculares.

Sais minerais — (Oligoelementos)

Participam em todas as trocas metabólicas que condicionam o nosso equilíbrio biológico.

Temos consciência do que representa a carência dos sais minerais importantes — cálcio ou de magnésio — mas muitas pessoas ignoram o importante papel desempenhado pelos outros. São indispensáveis à vida e a sua insuficiência é causa das maiores perturbações. É assim que certos metalóides ou metais como o manganês são prescritos para a alergia, o cobalto de manganês para as distonias neurovegetativas e pernas inchadas, o cobalto de níquel para a regulação das funções pancreáticas que provocam distensões, digestões lentas, etc., o enxofre para as perturbações hepatobiliares, o cobre, ouro e prata para os estados infecciosos agudos e para a psicastenia.

Certas perturbações funcionais como a pericardite (dor ao nível cardíaco) são anuladas por uma absorção diária momentânea de uma quantidade ínfima de cobalto de manganês. Isso explica a importância de uma alimentação equilibrada que assegure as nossas necessidades em oligoelementos.

O cobalto

0,000004 % no organismo = regulador do parassimpático — hipertensão.

Encontra-se em:

lentilhas	espinafres
cogumelos	couves
rama de cenoura	damascos
figos	ameixas
cebolas	fígado de aves domésticas
tomates	trigo mourisco

O ferro

Antianémico, estimula o crescimento, favorece o trânsito intestinal.

Encontra-se em:

amêndoas	cebolas
avelãs	salsa
trigo integral, cereais	passas de uva
damascos	couves
tâmaras	castanhas
agriões	lentilhas
espinafres	batatas

O magnésio

O professor Delbet fez comunicações muito importantes à Academia de Medicina sobre o interesse do magnésio na alimentação humana.

Um défice magnésico é muitas vezes a causa da espasmofilia, com todas as perturbações neuromusculares que acarreta: tremores, depressão, vertigem, astenia, ansiedade, cãibra, formigueiro e até crise tetânica, palpitações e perturbações cardíacas, perturbações gastro-intestinais, aerogastria, espasmos do cólon com prisão de ventre, dor vertebral, dor muscular.

Ora, os diuréticos favorecem a perda de magnésio. Os regimes hipocalóricos ou hiperprotídicos bem como a alimentação sofisticada, podem provocar carência de magnésio.

Os extractos tiroidianos podem provocar igualmente um défice magnésico secundário.

Os emolientes na água, ao reterem o calcário, retêm também o magnésio.

Vários investigadores aconselham «curas» periódicas de magnésio para compensar as carências provocadas nos vegetais e frutas, pela excessiva utilização pelos agricultores dos adubos potássicos, que inibem a assimilação de magnésio pelas plantas.

Encontra-se em:

gérmen de trigo	aipo
cereais integrais	feijão verde
tâmaras	amoras
espinafres	framboesas
beterrabas	cogumelos
amêndoas	rabanetes
avelãs	cebola crua
nozes	moluscos
figos	saladas
castanhas	mel puro, pólen
passas de uva	

Atenção: na água da cozedura fica grande parte do magnésio existente nos legumes; daí o interesse de os cozer em vapor.

O iodo

Indispensável ao bom funcionamento da glândula tiróide.

A glândula tiróide tem uma acção primordial no equilíbrio do peso, porque controla os processos metabólicos transformando a alimentação em energia pela combustão; se esta se faz mal, daí resultará uma acumulação de gorduras indesejáveis.

O iodo e as hormonas tiroidianas têm influência não só sobre o conjunto das glândulas endócrinas mas também sobre a dinâmica circulatória, o aspecto da pele, das unhas e dos cabelos, que, em caso de carência, se tornam ásperos e quebradiços.

Encontra-se em:

algas	ervilhas
sal não refinado	morangos
peixe	couves

moluscos	cebolas
arroz integral	cenouras
rabanetes	cogumelos
espargos	alface
espinafres	nabo

O fósforo

Essencial à nossa capacidade nervosa e intelectual; participa na formação óssea e sanguínea e desempenha um papel importante na regulação paratiroidiana.

Encontra-se em:

cereais	moluscos
amêndoas	uvas
nozes	salsa
gérmen de trigo	figos
cenouras	legumes secos
cebolas	cogumelos
alhos-porros	castanhas
tomates	espinafres
alho	abóbora
peixe	couves

O manganês

Tem uma função catalítica, metabólica e antialérgica.
Exerce uma acção benéfica sobre a hipófise e sobre as funções hepato-renais; antianémico.

Encontra-se em:

gérmen de trigo	cogumelos
trigo integral	alhos-porros
nozes	alfaces
amendoim	beterraba vermelha
tâmaras	damascos

cevada
arroz integral
espinafres
espargos

uvas
cerejas
couves

Encontra-se em muitos outros sais minerais e oligoelementos: brómio, silício, zinco, cobre, enxofre, níquel, lítio, prata, ouro, alumínio, etc.

São absolutamente indispensáveis para um bom equilíbrio; no entanto, temos muita falta deles, pois a agricultura fornece-nos legumes e frutos com poucos oligoelementos.

Os cereais e azeites refinados perdem a maior parte dos seus componentes minerais e, além disso, pela cozedura prolongada, precipitam-se e tornam-se inassimiláveis; a maior parte fica na água da cozedura que se deita fora. Por isso, é indispensável consumir alimentos crus, sumos de fruta e legumes frescos, não cozer muitos os alimentos e preferir os alimentos biológicos.

Vitaminas

A importância das vitaminas já não é segredo para ninguém.

A falta de vitamina B1 provoca o beribéri.

A falta de vitamina C provoca o escorbuto.

Trata-se de casos extremos. Se a carência total de uma vitamina é hoje muito rara, a insuficiência é mais frequente do que imaginamos.

Insuficiências vitamínicas, bem como falta de sais minerais, podem provocar alterações funcionais e degenerativas ao nível do sistema nervoso e dos diferentes órgãos.

Ora, os alimentos refinados e produzidos industrialmente nem sempre contêm as vitaminas e os sais minerais necessários; além disso, o nosso modo de preparação e de alimentação elimina-os ou neutraliza-os em grande parte. Eis porque, muitas vezes, nos sentimos em baixo de forma. Esta é também uma explicação para certos estados patológicos crónicos.

Vitaminas Lipossolúveis (Isto é, solúveis nos lípidos.)
São as vitaminas A – D – E – B.

Vitamina A: Provitamina

Anulação: à temperatura de 120° ou por oxidação e calor durante 15 dias.
Necessidade diária: 20 a 50 mg.
Efeito: Vitamina de crescimento anti-infecciosa, com acção sobre a pele e os cabelos. Estimula as glândulas endócrinas e retarda o envelhecimento. Previne as dores abdominais.

Encontra-se em:

salsa	uvas
cenoura	leite e manteiga muito frescos
espinafres	ovos frescos
taráxaco	peixes grandes
aipo	amêndoas
abóbora menina	cereais integrais
damascos	

O óleo de fígado de bacalhau fornece uma boa quantidade de Vitamina A.

Vitamina D

É sintetizada ao nível da epiderme pela acção dos raios solares sobre o colesterol.
Anulação: à temperatura de 120°.
Necessidade diária: 3 a 10 mg.
Efeito: vitamina anti-raquítica; contribui para a fixação do cálcio.

Encontra-se em:

óleos vegetais	leveduras
óleos de peixe (bacalhau)	cogumelos

coração e moleja de vitela
mioleira de vaca
abacate

trigo integral
gérmen de trigo
pólen

Vitamina E

Anulação: à temperatura de 120°. Alterável por oxidação (gorduras rançosas).
Necessidade diária: 10 a 20 mg.
Efeito: É anti-estéril, aumenta a energia vital orgânica; circulação; equilíbrio nervoso, pele, anemia.

Encontra-se em:

óleo de gérmen de trigo
levedura
óleo vegetal
saladas

pólen
pão integral
amêndoas
fígado

Vitamina B

Anulação: à temperatura de 100° a 120°.
Necessidade diária: 1 a 4 mg.
Efeito:
  B1 – equilíbrio nervoso e hepático, anti-infeccioso, favorece a assimilação das gorduras e dos glúcidos;
  B2 – metabolismo das gorduras e ácidos aminados; formação da hemoglobina, estimula o crescimento; protege a pele; favorece os músculos;
  B3 – nutrição dos tecidos orgânicos; metabolismo das gorduras e glúcidos;
  B4 – antianémico; fornece o oxigénio à célula; combate as nevralgias, colites, alergias;

Encontra-se em:

levedura
gérmen de trigo

carne de porco
espinafres

pão integral
farinha integral
oleaginosas
arroz integral
soja
leguminosas
ovos
ostras

mel
couves
pólen
nozes
avelãs
levedura alimentar
algas

Vitamina K

Necessidade diária: 1 mg.
Efeito: anti-hemorrágico.

Encontra-se em:

legumes
fígado de animais
queijo

Vitamina C

Anulação: destruída à temperatura de 90°, em quantidade excessiva e no envelhecimento.
Necessidade diária: 75 a 150 mg.
Efeito: vitamina antiescorbútica; favorece a fixação de cálcio; melhora a resistência capilar, a circulação sanguínea e a resistência aos micróbios.

Encontra-se em:

frutos frescos
(sobretudo citrinos)
couves
alho
legumes verdes
acerola

carnes
leite
castanhas
oleaginosas
salsa

Vitamina F

Efeito: necessária para a síntese das gorduras e do colesterol; combate a arteriosclerose (enfarte, artrite, ataques cerebrais), favorece o poder antitóxico; mantém o equilíbrio da flora intestinal e do fígado.

Encontra-se em:

óleos vegetais (1.ª pressão a frio)	nozes
avelãs	oleaginosas
amêndoas	sésamo
óleo de gérmen de trigo	girassol
lecitina	azeitonas
soja	

Diversidade de regimes

Regime de baixas calorias

A caloria é a unidade que serve para avaliar a quantidade de calor necessária para elevar a temperatura de um quilograma de água a 15° ou 16°, sob pressão atmosférica normal.

Em dietética, basta calcular a quantidade de calorias necessária adicionando os valores calóricos dos alimentos, sabendo que 15% devem provir dos prótidos, 25% dos lípidos e o restante dos glúcidos.

Necessidades diárias:

4600 calorias para um trabalhador que utilize sobretudo a força física
3200 calorias para um trabalhador normal
2800 a 2600 calorias para um empregado sedentário

Valores calóricos

100 g de carne magra   =   170 calorias

A Alimentação

100 g de peixe magro = 70 calorias
1 ovo = 75 calorias
100 g de pão = 255 calorias
20 g de manteiga = 150 calorias
100 g de fruta = 80 calorias
30 g de doce = 115 calorias
50 g de chocolate = 260 calorias

Consumo numa hora

A escrever = 125 calorias
Sentado e inactivo = 100 calorias
A dormir = 66 calorias
A lavar a loiça = 145 calorias
A fazer ginástica = 200 a 400 calorias
A andar de bicicleta = 420 calorias
A andar a pé = 200 a 300 calorias
A correr = 500 a 600 calorias
A nadar, a praticar esqui = cerca de 500 calorias

Emagrecer consistiria, portanto, em diminuir a ingestão de calorias e aumentar o seu dispêndio.

Na verdade, se só consumirmos 1500 calorias por dia, conseguiremos emagrecer, mas apenas durante algum tempo; a parte ingrata do regime deve-se:

— à necessidade de uma avaliação constante;

— à sensação insuportável de fome que deixa frequentemente e que nos predispõe a tomar inibidores do apetite, perigosos para a saúde e condenados pelos grandes especialistas, do mesmo modo que os diuréticos ou os extractos tiroidianos;

— ao facto de muitas vezes começarmos por emagrecer e, logo em seguida, se verificar uma quebra na perda de peso. Que se passa? O doente habituou-se a uma fraca ingestão de calorias. Consome menos calorias; o seu metabolismo de base diminui, o que é pior, e então o regime não actua; à mínima falha recupera-se peso.

O nosso corpo, maravilha das maravilhas, está dotado de mecanismos muito subtis que escapam, em grande parte, aos nossos conhecimentos actuais. Não se trata de um calorífero que tem necessidade apenas de um certo número de calorias.

A boa saúde e a estética corporal apenas são compatíveis com uma alimentação sã, equilibrada, rica em vitaminas, sais minerais, diástases. O corpo tem igualmente necessidade de luz, de sol, de oxigénio, de água, de ambiente agradável.

Regime hiperprotídico
(pretenso regime anticelulite)

Consiste em comer durante 15 dias apenas proteínas animais à escolha, nada de gorduras, féculas, açúcar ou sal; carnes magras (cavalo, coelho, carneiro, frango, aves), peixe, moluscos, ovos, queijo com 10% de matéria gorda; nada de legumes, frutas, pão ou biscoitos, pouco sal.

Passados 15 dias, incluem-se os legumes verdes, nos 15 dias seguintes a fruta sem açúcar: é necessário ingerir muitos líquidos e utilizar óleo de parafina aromatizado com estragão.

Este regime, por nós condenado, permite emagrecer rapidamente, mas favorece a prisão de vente e não resolve o problema do bom funcionamento do fígado, dos intestinos e dos rins, daí a necessidade absoluta de ingerir muitos líquidos.

Regime lipidoprotídico
(ou a revolução dietética—Dr. Atkins)

Este regime suprime ao máximo os hidratos de carbono, que, segundo o Dr. Atkins, são geradores de todos os males: diabetes, obesidade, arteriosclerose.

Efectivamente, provoca o emagrecimento, pois, ao suprimir o hidrato de carbono combustível, o corpo procurará uma outra fonte de energia e servir-se-á das gorduras acumuladas. A glândula pituitária segrega uma hormona mobilizadora de gorduras que se convertem em hidratos de carbono, sem ter de recorrer à insulina, o que evita a hipoglicemia, dado que é a insulina que faz descer a percentagem de açúcar no sangue. Para evitar este fenómeno desagradável de hipoglicemia (fraqueza das 11 h), é necessário evitar estimular a secreção de insulina: hidrato de carbono-álcool-café.

Com este regime é necessário:

— Primeiro, ter um registo diário para avaliar a ingestão de hidratos de carbono, que devem ser aumentados gradualmente;

— Segundo, examinar diariamente as urinas, utilizando um comprimido que toma a cor violeta em presença de corpos cetónicos, demonstrando assim que utilizamos as gorduras acumuladas.

— Este regime é desequilibrado e carece de vitaminas, pelo que exige a tomada de vitaminas de síntese.

— É, pelo contrário, rico em toxinas que favorecem as situações de ácidos e outras. Trata-se um modo original de alimentação que só deveria ser seguido sob controlo médico, cabendo toda a responsabilidade ao especialista.

A Macrobiótica

Foi bastante divulgada na Europa por Ohsava, com quem dialoguei muitas vezes, quando fazia parte dos seus numerosos seguidores.

Todos os biologistas são unânimes em dizer que a nossa saúde depende do equilíbrio ácido-básico: pH sanguíneo 7,35.

Ora, é isso que a macrobiótica pretende com o equilíbrio *Yin-Yang*.

Os alimentos são classificados mais ou menos *Yin* ou mais ou menos *Yang*. São *Yin* os alimentos ácidos açucarados ou potássicos responsáveis pela acidificação do sangue e consequentemente de todos os tecidos. São *Yang* os alimentos básicos, alcalinos e sódicos.

Em determinados dias, sentimos necessidade de alimentos mais ou menos salgados, mais ou menos açucarados, que nos permitam conseguir o equilíbrio *Yin-Yang*.

Trata-se, de qualquer modo, de um tipo de alimentação muito particular que deve ser adaptado ao conjunto psicofisiológico da pessoa que o pratica. De facto, esta dietética chega a consumir o máximo de cereais, o mínimo de legumes e o menos possível de produtos animais.

Tem o mérito de ensinar a mastigar 50 vezes cada porção de alimento ingerido, o que favorece a digestão dos amidos ao nível bucal num ambiente calmo, de evitar as misturas indigestas e aliviar o sistema digestivo.

No entanto, parece-me que se trata de um método de cura momentânea que não pode ser utilizado continuamente por todas as pessoas, sem que seja supervisionado por um especialista.

Devo dizer que este tipo de alimentação me deu uma verdadeira satisfação. É uma verdadeira cura de desintoxicação orgânica que provoca um certo emagrecimento e bem-estar.

Não é menos verdade que a macrobiótica está sujeita a numerosas críticas. Será sempre seguida de acordo com o seu verdadeiro princípio, o equilíbrio *Yin-Yang*? Estaremos certos da classificação dos alimentos *Yin* ou *Yang*? O senhor Galli alterou sensivelmente esta classificação no seu livro *La Cuisine Yin Yang*. Se pudermos um dia conhecer melhor esta classificação, evitar-se-ão muitos erros perigosos.

Os resultados espectaculares obtidos com este regime poderiam explicar-se pelo facto de o fígado, em colaboração com o cérebro, coordenar grande parte da nossa saúde. Ora, a calma e a serenidade deste regime alimentar convêm ao nosso sistema nervoso. Além disso, os hidratos de carbono (arroz) são benéficos ao fígado e, para mais, não se misturam com os outros alimentos, não provocando qualquer incompatibilidade. Dois motivos suficientes para serem perfeitamente digeridos sem causarem putrefacção intestinal. Consequentemente, verifica-se uma melhoria do estômago, do fígado, dos intestinos e do sistema nervoso e a supressão de todos os incómodos inerentes às perturbações do tracto digestivo.

A macrobiótica oferece uma base interessante que teria necessidade de ser adaptada aos países em que é praticada. Deveríamos poder equilibrar as ementas com aquilo de que dispomos no local em que vivemos, de acordo com os princípios Yin-Yang, sem se ter necessidade de procurar, com dificuldades, um grande número de produtos exóticos semelhantes aos que se encontram nas mesas chinesas ou japonesas.

A verdadeira macrobiótica deveria ser a do bom senso camponês. A da ecologia: comer o que naturalmente desejamos na estação e ambiente em que nos encontramos.

As radiações dos alimentos

O senhor Simonéton, nascido em 1892, engenheiro da escola Bréguet, após vários meses de tratamentos clássicos, ia morrer de tuberculose, em 1961. Não se resignou e decidiu procurar a solução na alimentação, no que foi orientado por um vegetariano. Após algumas tentativas difíceis, começou a sentir melhoras. Estudou o problema com mais profundidade e a sua formação de engenheiro electrotécnico levou-o a debruçar-se sobre as ondas emitidas pelos alimentos, partindo do princípio de que «a vida surgiu de radiações e é mantida por radiações».

Estudou a radioactividade das águas minerais. Todo o fenómeno vital emite radiações.

Em trinta anos de estudos, o senhor Simonéton e a sua equipa conseguiram determinar a que comprimentos de onda correspondem a doença e a saúde perfeita, situando-se a radiovitalidade entre os infravermelhos e os ultravioletas.

Todo o ser humano com saúde emite ondas de 6200 a 7000 angstroms. Para conservar este comprimento de onda, o organismo só pode manter o seu sistema de vibração interna com a ajuda das três fontes principais:

— as ondas telúricas e cósmicas,
— as ondas do espectro solar,
— as ondas dos produtos alimentares (o que nos interessa).

Existem radiações boas e más.

Todo o ser vivo absorve e armazena forças radioactivas do seu meio ambiente; forças que provêm de tudo o que toca, come, respira e de tudo aquilo que o rodeia.

Eis os alimentos favoráveis à vida, os que emitem radiações situadas entre 6500 e 10 000 angstroms:
— a fruta fresca bem madura e sumos;
— a quase totalidade dos legumes crus e cozidos no vapor (temperatura inferior a 70°);
— o trigo, a farinha acabada de moer;
— o pão integral;
— a boa pastelaria e biscoitos fabricados com bom leite, manteiga e nata fresca;
— todas as oleaginosas e seus óleos (extraídos sob pressão a frio): noz, avelã, amêndoa, azeitona, soja;
— o presunto fumado;
— os peixes e crustáceos;
— a manteiga, nata e ovos muito frescos;
— os queijos não fermentados.

A Instintivoterapia

Le Cancer, ma Chance é o título do livro de Guy Claude Burger, a que foi diagnosticado cancro aos 26 anos, e não tendo querido resignar-se, encontrou na alimentação não só o meio de se curar mas também de se manter sempre em plena forma. Trata-se muito simplesmente do retorno a uma forma original de alimentação.

O seu princípio: o instinto gustativo permite fornecer ao organismo as substâncias nutritivas ou medicinais que lhe são exactamente necessárias. Basta ter em conta não só o diagnóstico exterior mas também o sentimento afectivo interior. Evitam-se assim as perturbações digestivas ou metabólicas e despertam-se os mecanismos de desintoxicação, os únicos capazes de regenerar e assegurar uma verdadeira cura. Para Burger, a maior parte dos males da humanidade está intrinsecamente ligada às perturbações do metabolismo ou do sistema nervoso por meio de substâncias alimentares muito pesadas, antinaturais ou estranhas às exigências bioquímicas do organismo.

Mas estas substâncias, que se não metabolizam correctamente, intoxicam o organismo pouco a pouco, infiltram-se nos tecidos, provocam a degenerescência das células e um envelhecimento prematuro: é assim que uma má alimentação sobrepõe uma espécie de envelhecimento patológico ao envelhecimento natural e o acentua.

É talvez a explicação para o facto de não atingirmos 125 anos.

Será o homem o primeiro animal suficientemente inteligente para conseguir tornar-se irracional?

A instintivoterapia propõe um retorno à alimentação original. Ora, o alimento original não é cozido. A cozedura a temperatura superior a 70° provoca uma destruição maciça das enzimas indispensáveis à digestão. Se bem que algumas destas enzimas sejam formadas no organismo, a maior parte é de origem vegetal.

A sua falta pode originar a interrupção das cadeias de reacção em que normalmente deveriam intervir. Ora, se as substâncias alimentares não são transformadas, constituem resíduos, isto é, venenos. Além disso, se a assimilação normal não puder efectuar-se, intervirão mecanismos compensadores que produzem uma relação diferente nas cadeias, o que deixa supor riscos de traumatismo celular.

Isto pareceria ser uma explicação a favor do consumo de alimentos crus.

A cozedura deve favorecer a digestão e não dificultá-la. Apenas certos alimentos precisam de ser cozidos: os cereais, as batatas e certos legumes. Para cozer bem estes alimentos não é necessário ultrapassar os 70° prejudiciais às enzimas, os 100° que eliminam as vitaminas e precipitam os sais minerais no decurso da ebulição. A cozedura no vapor é ideal para os alimentos que têm de ser cozidos em lume muito brando (na graduação 3 de uma placa eléctrica), numa caçarola esmaltada ou de barro, sobre uma camada de legumes aquosos (cebolas).

O vegetarianismo

Além de uma razão moral — recusa de matar para subsistir — podem existir razões científicas para ser vegetariano:

1.º — Razão fisiológica: o homem não possui o mesmo sistema digestivo que o carnívoro: o carnívoro possui uma dentição especial.

O nosso intestino é muito mais comprido do que o do carnívoro (nove metros para o homem e três metros para o carnívoro). Ora, a pequena dimensão intestinal favorece a rápida expulsão dos resíduos da carne.

No homem, as carnes têm o tempo necessário para se decomporem a uma temperatura adequada de 40° e num meio alcalino.

O fígado do carnívoro é mais potente, o que permite neutralizar melhor os excessos de ácidos.

Quando o fígado do homem não consegue exercer a sua função de neutralização das toxinas, os rins vão ter um excesso de trabalho e correm o risco de se fatigar.

2.º — Razão biológica: a carne contém substâncias tóxicas: purinas-ptomaínas-colesterol.

O organismo pode tolerá-las em certa quantidade, mas quando há excesso temos a porta aberta para o artritismo.

As ptomaínas, substâncias alcalóides que se desenvolvem no decorrer da putrefacção desde a morte do animal, são as mais tóxicas.

Sem contar a quantidade de drogas que o animal tomou: antibióticos, activadores do crescimento, tratamentos contra as epidemias, alimentação mais ou menos sã.

Em conclusão, a carne e os seus subprodutos estão longe de constituir uma solução sã para a nossa alimentação — esta é a razão por que os vegetarianos não a toleram.

No entanto, o vegetarianismo não deixa de ter inconvenientes.

As proteínas devem ser consumidas no pão integral, arroz integral, oleaginosas (azeitonas, nozes, amêndoas, avelãs), os cogumelos, mas sem exagerar, pois é necessário evitar os excessos de farináceos e de celulose que favorecem as fermentações gastro-intestinais. Este regime é, portanto, difícil de equilibrar.

A melhor solução seria um regime lacto-vegetariano, no qual seriam incluídos ovos, queijos e lacticínios, legumes, fruta e alguns cereais.

As incompatibilidades alimentares

Eis uma revolução dietética que é indispensável operar-se se quiser reduzir o ventre e gozar de boa saúde.

A dietética habitual é apenas quantitativa. Tem existido, até hoje, uma nítida tendência para confundir o que se come com o que se pode assimilar. De nada serve avaliar cuidadosamente o que comemos para nos assegurarmos de que temos tudo o que é necessário em prótidos, lípidos, glúcidos, vitaminas e sais minerais, se os alimentos ingeridos são transformados no seu trajecto, contribuindo para a produção de gases e resíduos ácidos, venenos do organismo, e se o fígado não intervém para corrigir os nossos erros, graças ao seu poder antitóxico.

Comer bem também é digerir bem. No entanto, a digestão depende de um factor que nos é conhecido: certos alimentos podem ser misturados e outros não, pois podem ser geradores de perturbações digestivas.

Todos os ventripotentes são, ao fim e ao cabo, pessoas de má digestão, quer se apercebam disso quer não.

Na realidade, numa primeira fase, os intestinos e o estômago de todos os futuros grandes abdómenes são dilatados pela fermentação. As distensões são os primeiros sinais de ventripotência, tanto nos homens como nas mulheres.

Numa segunda fase, a dilatação muito frequente dos órgãos digestivos vai originar uma distensão permanente e até uma ptose, o descair dos intestinos e do estômago. Subitamente, os ligamentos suspensores relaxam-se e o mesmo sucede aos músculos abdominais: instala-se a verdadeira ventripotência, que será definitiva se não nos acautelarmos.

Podemos, pela simples higiene de vida, reduzir o ventre, recuperar o bem-estar e a forma que daí advêm.

Para isso, antes de mais, é indispensável favorecer o trabalho do aparelho digestivo. Se este é hipersensível ou maltratado pelo abuso do álcool, por alimentos gordos, por refeições muito pesadas e bem regadas com qualquer bebida, quer seja água ou não, nenhuma privação poderá remediar a situação se não tivermos em contas as incompatibilidades alimentares.

Clínicas de dietética, seguindo apenas um regime alimentar apropriado, conseguiram combater certas doenças sem a ajuda de qualquer medicamento.

Existiriam, segundo o Dr. Hay, combinações alimentares prejudiciais. Ele explica as suas teorias no seu livro *Le Prix de la Santé*.

O Dr. Shelton retoma esta teoria no seu livro *Les Combinaisons Alimentaires et votre Santé*.

Eis os princípios de base:

A digestão é facilitada quando os sucos digestivos só têm de tratar um alimento de cada vez. Exemplo:

1.º Devem evitar-se as combinações farináceas (cereais, batatas, pão, etc.) com alimentos ácidos (laranja, toranja, limão, vinagre).

Explicação: os farináceos são digeridos em meio alcalino. A acidez irá retardar a sua digestão e poderá provocar fermentações destes farináceos mal digeridos.

2.º Não se devem misturar os lípidos (gorduras, manteiga, natas) com as féculas.

3.º Com as carnes, é preferível comer legumes verdes em vez de féculas, porque, se as féculas se digerem em meio alcalino, as carnes digerem-se em meio ácido, e, sobretudo, não é necessário misturar-se lípidos (leite completo, natas, oleaginosas) porque a associação (tipo estufado) de féculas, carne, gordura é particularmente nociva.

A sanduíche fica muitas vezes no estômago, sobretudo se o sistema digestivo for hipersensível.

A Alimentação

Em resumo:

Alimentos	Boa associação	Má associação
Carnes Ovos Queijos	Legumes verdes	Farináceos Leite, Cereais Açúcar
Leite	Fruta ácida	Farináceos Legumes Carnes
Leguminosas Cereais Farináceos	Legumes verdes	Leite Carne Fruta ácida
Legumes verdes	Tudo, excepto leite	Leite

A fruta não deveria ser misturada com outros alimentos. A associação fruta, doce e leite coalhado é, no entanto, tolerada.

O resultado de uma boa associação de alimentos é uma digestão ligeira e rápida que não produz qualquer fermentação. Por mais estranho que pareça, pode ser que certas pessoas se sintam frustradas com esta maneira tão cómoda de assimilar os alimentos. Na realidade, as más digestões, as digestões lentas, provocam uma espécie de bem-estar perverso, uma impressão de estômago cheio que faz imaginar que os alimentos fazem parte do corpo. Na verdade, limitam-se a ficar no estômago. Este conforto é apenas psicológico. O receio ancestral da fome é o seu principal motivo.

Paradoxalmente, a nossa época é também a que compreendeu os prejuízos estéticos e fisiológicos da obesidade. Quantos regimes simplistas e desequilibrados, sob controlo médico ou não, apontam, como primeiro alvo a abater, os cereais, acusados de engordarem e de serem indigestos! No entanto, que vemos nós? Chineses magros e em plena forma, sendo a sua principal base alimentar o arroz. Macrobiotas raramente gordos que utilizam os cereais durante todo o ano... Então? Então, os cereais nunca fizeram engordar ninguém quando digeridos correctamente, isto é, bem associados a outros alimentos. São, pelo contrário, um benefício para os intestinos e para o bem-estar geral (quantos cancros do cólon se poderiam evitar!), sobretudo se forem integrais.

Seguido à risca constitui um regime curativo maravilhoso, sobretudo para os ventripotentes, sem qualquer intervenção medicamentosa. Mas não se é obrigado a segui-lo durante toda a vida. Simplesmente, é bom não o esquecer para melhorar a digestão e a assimilação, núcleos centrais de um bem-estar geral.

Uma vez eliminada esta desagradável proeminência do ventre, poderão tolerar-se certos abusos, desde que possam vir a ser corrigidos pela aromaterapia ou pela fitoterapia (ver respectivo capítulo).

Quando se é suficientemente perspicaz para se ter em consideração a fisiologia na concepção alimentar, o mais simples será tomar, como unidade de base, não a refeição, mas todo o dia. Poderemos ter assim uma alimentação equilibrada, segundo os princípios dietéticos habituais e uma alimentação bem associada e de acordo com as leis fisiológicas tão ignoradas.

Os alimentos excepcionais

A levedura alimentar

É um cogumelo constituído por uma só célula. A levedura dietética é seca e pode ser liofilizada.

Muito rica em proteínas nobres, contém, em proporções adequadas, a totalidade dos ácidos aminados essenciais e diversos minerais indispensáveis. Além disso, possui um alto teor de vitaminas, sobretudo do grupo B, indispensáveis ao sistema nervoso e à digestão dos glúcidos. Excelente alimento antifadiga, favorece a regularização da flora intestinal, elimina as inflamações dos intestinos, contribui para o emagrecimento e é muito benéfica para a pele e para os cabelos.

O seu consumo deveria ser diário. Se for tomada com água morna, um pouco antes das refeições, diminui ligeiramente o apetite.

Os óleos vegetais

Puros, extravirgens, obtidos por pressão a frio, são benéficos para o fígado e para os intestinos. Ajudam a eliminar os resíduos gordurosos e baixam o índice de colesterol, graças aos seus ácidos gordos insaturados, cujo teor é o seguinte: girassol, 60%, milho, 55%, soja, 50%, azeitona, 15%, amendoim, 25%. Não é necessário aquecê-los. As nozes, amêndoas e avelãs contêm igualmente ácidos gordos insaturados.

O gérmen de trigo

Polvilhado em todos os pratos, doces ou salgados, incorporado na massa de pastelaria, utilizado em muitos molhos, o gérmen de trigo fornece-nos grande quantidade de proteínas, vitaminas e oligoelementos.

Eis uma comparação dos ácidos aminados indispensáveis entre 100 gramas de gérmen de trigo e 100 gramas de ovos.

O ovo é frequentemente citado como alimento de referência pela sua riqueza em proteínas; vemos aqui que o reino vegetal nada tem a invejar ao reino animal.

Por 100 g

Ácidos aminados	Gérmen de Trigo	Ovos
Arginina	1,93	0,80
Cistina	0,30	0,30
Isoleucina	1,24	0,80
Leucina	1,80	1,10
Metionina	0,43	0,40

Ácidos aminados	Gérmen de Trigo	Ovos
Fenilalanina	0,96	0,70
Lisina	1,62	0,80
Histidina	0,73	0,30
Trionina	1,42	0,60
Triptofano	0,28	0,20

O leite coalhado

De fácil digestão, rico em proteínas e em cálcio e fácil de preparar: uma colher de café de coalhada de leite ou duas colheres de iogurte natural adoçado, num litro de leite cru ou pasteurizado. Mexer tudo e deixar repousar durante algumas horas à temperatura ambiente (cerca de 20°).

O iogurte

Ajuda a manter o tracto intestinal de boa saúde.

O iogurte deve ser tomado ao natural e sem açúcar para não alterar a acidez natural e o tornar menos digerível. É fácil de preparar em casa.

A couve (de preferência vermelha ou frisada)

A sua utilização médica empírica é milenária.

Actualmente, essa utilização baseia-se em considerações científicas precisas.

A descoberta e a dosagem dos elementos catalíticos dos sais minerais, fermentos e hormonas vegetais permite dar certas explicações sobre a maravilhosa acção da couve.

A 100 g de couve, atribuem-se: 6 g de glúcidos, 3 g de proteínas, 0,3 g de lípidos, 50 mg de fósforo, 50 mg de cálcio, 1 mg de ferro, as vitaminas C, B1, B2, PP, A, D, K, U, etc...

Contém numerosos oligoelementos e é excelente para a úlcera do estômago e para os intestinos.

No entanto, a cozedura em água destrói uma parte dos seus elementos e torna-a indigesta.

A couve tem uma acção benéfica sobre:

— as colites e os estômagos frágeis (beber dois ou três copos de sumo, por dia, entre as refeições; preparar o sumo imediatamente antes da sua utilização; pode juntar-se sumo de cenoura);

— o fígado e a vesícula biliar (em utilização externa: aplicar duas ou três camadas de couve, previamente esmagada com uma garrafa ou um rolo, e mantê-la sobre a região hepática com a ajuda de uma ligadura. Renovar a couve de quatro em quatro ou de cinco em cinco horas. Conservar de noite).

Pode ser consumida ralada, em *hors-d'oeuvre*, temperada com azeite virgem, limão, sal marinho, salsa, alho ou cebola; sob a forma de suco. Um tratamento de um copo de couve por dia (20 a 30 g) entre as refeições dar-lhe-á vitalidade e melhorará, até ao desaparecimento, as perturbações intestinais e urinárias. Cozida no vapor, digere-se muito bem.

O limão

Certos preconceitos levam-nos a supor que o limão descalcifica, que acidifica e prejudica o estômago. Esqueçamos esses preconceitos, por mais razoáveis que nos pareçam.

De facto, passa-se precisamente o contrário, dado que o ácido cítrico é oxidado durante a digestão e os restantes sais fornecem carbonatos, bicarbonatos de cálcio e potássio que favorecem a alcalinidade do sangue.

A cura com limão é, portanto, recomendada contra os reumatismos, a hiperacidez gástrica, a hiperviscosidade sanguínea, a obesidade, a hipertensão, a insuficiência hepática e pancreática, os gases intestinais (meteorismo). Esta cura deve ser progressiva. Deve começar-se com meio limão no primeiro dia, um limão nos dois dias seguintes, um limão e meio nos três dias seguintes, dois limões nos três dias seguintes e aumentar meio limão de três em três dias até à saturação, isto é oito a dez por dia. Quando este número for atingido, diminuir um limão de três em três dias. Pode juntar-se um pouco de mel. Utilizar limões bem maduros e de cultura biológica.

Contra a obstrução hepática — em jejum, tomar a seguinte bebida preparada de véspera: três limões cortados em quatro partes, sobre os quais se deitam duas chávenas de água a ferver. Deixar macerar até ao dia seguinte de manhã e beber frio.

Contra a obesidade — beber em jejum a seguinte infusão, preparada de véspera: sobre três flores de camomila e um limão cortado às rodelas, deitar uma chávena de água a ferver. De manhã, passá-la e bebê-la fria, em jejum.

As algas marinhas

Estas plantas do mar são a primeira manifestação de vida no nosso globo. De uma riqueza excepcional, contêm mais de 60 oligoelementos (iodo, ferro, manganês, boro, cobalto, cobre, zinco, bronze, níquel, prata, ouro, etc.; minerais: magnésio, fósforo, cálcio, etc., vitaminas A, B, C, E, PP, K, D, B12), fito-hormonas e ácidos aminados. Trata-se de um verdadeiro concentrado biológico natural, consumido sob diferentes formas por milhões de indivíduos (sobretudo no Oriente).

Em França, a prática do banho de algas é de utilização corrente nos centros de talassoterapia, nos institutos de dietética e nos consultórios de cinesiterapia.

Encontram-se também à venda comprimidos de algas, nas farmácias e lojas de dietética. Em pouco tempo, é possível fazer uma cura de algas em decocção (fitoterapia). Tomar com regularidade e durante 21 dias seguidos uma ou duas decocções de algas. Os resultados são, na maior parte dos casos, satisfatórios (perda de três a seis quilos, e melhoria do estado geral).

A argila

É um poderoso agente de regeneração física, de utilização milenária. O naturalista romano Plínio, o Antigo, consagra-lhe um capítulo na sua obra *História Natural*. Durante a Segunda Guerra Mundial, os soldados russos recebiam-na nas suas rações, o que lhes permitiu evitar muitos males.

A argila contém numerosos sais minerais, bem como um princípio activo, a alumina, que actua como catalisador, activando as combustões internas e neutralizando as toxinas.

Possui um poder absorvente, descolorante, cicatrizante, desinfectante e revitalizante. Evita assim a proliferação bacilar, supre as carências orgânicas e alimenta o acumulador neuroeléctrico.

Para o Dr. Alexis Carrel (Prémio Nobel) a argila é uma «inteligência da natureza».

Pode encontrar-se nos ervanários ou nos centros de dietética.

Para limpar os intestinos: em utilização interna, uma colher de café de argila em meio copo de água fria não fervida.

Não manter em contacto com metal (colher, etc.), deixá-la diluir de noite, tomá-la de manhã em jejum, 30 minutos antes do pequeno almoço.

Não fazer esta cura durante mais de 15 dias por mês porque pode haver o risco de anemia por má absorção de ferro.

Para combater as fermentações intestinais: em utilização externa, aplicar, duas horas após a refeição, uma cataplasma de argila fria ou ligeiramente aquecida, com dois centímetros de espessura, na região do baixo ventre, directamente sobre a pele, colocando uma gaze nas zonas pilosas. Deixar ficar durante duas a quatro horas, de acordo com as possibilidades. Nunca se deve fazer esta cura durante as regras.

Preparação da cataplasma: dobrar em dois ou quatro um pano de linho; espalhar sobre o pano uma camada de pasta de argila, com a ajuda de uma colher ou de uma espátula de madeira. Para preparar a pasta, utilizar um recipiente de madeira, vidro ou porcelana, misturar juntando água não fervida até ter uma consistência um pouco fluida, isto é, não muito espessa: deixar ficar algumas horas sem se lhe tocar. Pode colocar o recipiente ao sol e cobri-lo com gaze. Para fixar a cataplasma, quando esta estiver no seu lugar, é necessário cobri-la com um tecido seco e mantê-la com a ajuda de uma ligadura ou de uma cintura de flanela. Depois de utilizada, deve deitar-se fora a argila.

Existe uma lama superactivada que pode ser utilizada por via externa e interna. Lama vegetal, natural, dotada de propriedades maravilhosas.

Os sumos de legumes

São auxiliares preciosos. Fornecem-nos os princípios vitais de que temos necessidade: vitaminas, diástases, oligoelementos e sobretudo energia electromagnética, a base da vida.

Conforme a fruta ou o legume, o sumo tem propriedades particulares que convém preservar, tomando-o imediatamente depois de preparado.

Sumo de cenoura

Amigo do fígado, do intestino e do estômago. Muito rico em sais minerais (fósforo, cálcio, ferro, magnésio) e em pro-vitamina A. O seu consumo deve ser diário.

Sumo de beterraba vermelha

Contém minerais em quantidade (fósforo, cálcio, ferro, magnésio, enxofre, iodo, cobre, rubídio), vitaminas B1, B2, B6, C e P. Antianémico, diurético, elimina o ácido úrico; anti-reumatismal, favorece a autodefesa e regulariza a pressão sanguínea.

Sumo de couve

Muito rico em oligoelementos e vitaminas A, B e C, suaviza as úlceras gástricas e os intestinos inflamados. Além disso, estimula o nosso sistema de autodefesa e regulariza a pressão sanguínea.

Sumo de couve fermentada (¹)

Tomado antes das refeições, favorece a digestão; é benéfico para o estômago; muito eficaz contra a prisão de ventre.

(¹) *Choucroute*: couve picada que se põe a fermentar em salmoura. (N. T.)

Sumo de batata crua

Acalma os espasmos provocados pelo ácido gástrico. Muito útil contra as úlceras do estômago.

Os sumos de fruta

Sumo de maçã

Fornece numerosos sais minerais e vitaminas (A, B, PP, C). Além disso, é benéfico para o fígado e é anti-reumatismal, diurético, digestivo, anti-séptico intestinal, depurativo e ligeiramente laxativo.

Sumo de uvas

Remineralizante, estimulante, desintoxicante energético. A monodieta de sumo de uvas pode durar mais de 15 dias. É uma cura de desintoxicação muito apreciável.

Sumo de ananás

Rico em vitaminas e oligoelementos, desintoxicante, diurético, favorece a digestão.

Sumo de mirtilo

Excelente para o intestino e para a vista. Dissolvente do ácido úrico.

Sumo de ameixa

Laxativo, diurético, desintoxicante.

Sumo de groselha

Benéfico para o fígado, tubo digestivo e vias urinárias.

Sumo de toranja

Fluidificante sanguíneo, estimulante hepático, libertador da vesícula biliar.

Para preservar estas qualidades é necessário utilizar frutos bem maduros e de origem biológica.

O jejum

É incontestavelmente o melhor meio de limpar o corpo e o espírito.

Este tipo de desintoxicação é adoptado por todos os higienistas. Permite a eliminação natural das toxinas acumuladas no organismo.

Os animais selvagens jejuam espontaneamente: o animal doente recusa a comida.

Se se sente fatigado, obeso, o jejum permitir-lhe-á repousar os órgãos vitais. Normalmente, o corpo utiliza apenas parte do que comemos: órgãos fatigados e desvitalizados contribuem para entravar a assimilação. Muitas vezes conseguimos recuperar forças se nos abstivermos de comer. Doenças graves têm sido tratadas com êxito pelo jejum. Não serão os doentes que beneficiaram desta terapêutica que me irão contradizer.

No entanto, o jejum não pode ser praticado sem cautela.

Acção do jejum

— Situação de repouso de todos os órgãos.
— Limpeza, purificação, desintoxicação, revitalização de todo o organismo.
— Acentuada melhoria do nosso estado nervoso.
— Rejuvenescimento (o jejum suspende a formação de flocos dos colóides — o estado coloidal determina a vida celular — ora a floculação predispõe o organismo para a doença).

Prática do jejum

— A monodieta (jejum dissimulado).
— O jejum curto (1 a 8 dias).
— O jejum prolongado (até 21 dias).

A Alimentação

A monodieta

Facilmente praticável por todos. Consiste em comer apenas uma espécie de alimentos por dia. Exemplo: comer no primeiro dia maçãs, no segundo, cenouras e no terceiro, leite coalhado, que podem ser consumidos crus, cozidos, em sumo, em puré, ao natural, mas devem ser sempre biológicos, isto é, não ter sofrido tratamento químico. Não juntar açúcar. Beber água e tisanas entre as refeições.

O jejum curto

Conheço várias pessoas que jejuam uma vez por semana e se sentem bem.

Passados os primeiros dias, a sensação de fome desaparece, melhoram as sensações, instala-se uma alegria sã de viver, liberta-se o espírito e surgem possibilidades intelectuais insuspeitadas.

É necessário viver em tranquilidade, longe de toda a poluição.

É aconselhável que se beba água destilada, com ou sem sumo de limão, se possível colocada anteriormente ao sol, bem como tisanas diversas: de tomilho, alecrim, salva, segurelha, freixo.

O jejum prolongado

Apenas se pode realizar se for supervisionado por um médico, num ambiente apropriado em que reinem a calma, a alegria de viver e a confiança, longe das perturbações citadinas.

Observações sobre o jejum

Pode verificar-se, de início, uma crise de desintoxicação que se traduz no aparecimento da língua esbranquiçada, erupções cutâneas, febre; é a prova de que a limpeza se está a operar. Dois ou três dias depois, a calma volta e sentimo-nos completamente novos.

Será conveniente verificar a tensão, sendo preferível dirigir-se a um especialista.

Os purgantes, as lavagens, as sudações, a oxigenação, a fangoterapia, as massagens e o ioga são preciosos adjuvantes.

É aconselhável que se prepare para o jejum começando por suprimir, alguns dias antes, os produtos animais e o álcool. É indispensável que a alimentação sólida seja retomada progressivamente: de qualquer modo, ela deverá ser sã e conforme às regras de higiene.

Conselhos para terminar o seu jejum

Recomeçar a sua alimentação:
— nos dois primeiros dias: legumes verdes cozidos no vapor, bem mastigados;
— no terceiro dia — de manhã: sumo de fruta ou legumes, ou leite coalhado. Ao meio-dia: fruta cozida ou crua. À tarde: legumes cozidos no vapor com pão integral e nozes, amêndoas, castanhas, tâmaras, pistachas. Pode começar-se então a comer carne, peixe, ovos, arroz e trigo com legumes verdes cozidos em vapor, por pressão ou crus.

A alimentação ideal

Deve ser uma alimentação hipotóxica e equilibrada. Isto é, uma alimentação que não engorde e nos dê tudo aquilo de que temos necessidades.

Uma alimentação razoável que contribuirá para o equilíbrio do nosso organismo e para o avolumar dos benefícios deverá incluir alguns dos alimentos que, consumidos em associação, nas três principais refeições, a seguir se descreve:

Para a estação fria:

Pequeno-almoço: chá ou chicória, fruta fresca ou seca (colocada de molho na véspera), pão ou biscoitos, queijo ou paté vegetal, puré de amêndoas ou avelãs.

Almoço: salada mista*, peixe, frango, arroz integral, feijão verde, ovos.

Jantar: sopa, salada mista, lentilhas, croquetes de cereais, cogumelos, omolete, queijo.

Para a estação quente:

Pequeno-almoço: sumo de fruta, fruta fresca, leite coalhado ou iogurte, chá ou chicória, biscoitos ou pão integral, mel, queijos.

Almoço: sumo de legumes, salada mista, peixe, carne, arroz integral, legumes verdes, batatas, alcachofra, queijos, *flan* pouco açucarado.

Jantar: gaspacho, salada mista, peixe, legumes cozidos a vapor, melão, melancia ou toranja e ananás.

Acabar com:

— tabaco, álcool, produtos químicos, vinagre de álcool, pimenta (na medida das possibilidades e com ajuda do ioga e da higiene).

Evitar:

— açúcar, gorduras animais, conservas, café e sobretudo café com leite, charcutaria, margarina hidrogenada.

Consumir:

— fruta fresca e respectivos sumos, fruta seca (deixar de molho na véspera), alimentos crus, sumo de legumes, saladas, óleos vegetais obtidos por primeira pressão a frio, cereais integrais, queijo branco.

Em quantidade razoável: queijo não fermentado, ovos e peixe fresco, carne magra.

---

*Salada mista: (sortido de vegetais crus) alface, espinafres, rabanete, cenoura, nabo, aipo, abóbora, funcho, couve, agrião, beterraba. Podem juntar-se azeitonas, gérmen de trigo, levedura e ovos cozidos. Não misturar mais de três variedades de legumes.

 53

Temperar com:

— tomilho, alecrim, segurelha, basilisco, alho, cebola, cebolinho, cominhos, coentros, estragão, cravo-da-índia.

Exigir:

— alimentos biológicos sem produtos químicos.

Para suportar melhor os alimentos crus e cereais integrais:

— se estes vos enchem, é indício de que os vossos intestinos são muito frágeis. É necessário adoptar um regime intermédio.

Tomar de preferência:

— sumos frescos com água;
— legumes cozidos no vapor que se deverão cozer cada vez menos para reeducar o intestino;
— fruta em compota;
— sêmola, tapioca, cuscuz, mandioca, *pilpil*, fermentos;
— queijos brancos e queijos não fermentados, iogurtes;
— ovos muitos frescos;
— carne branca, peixe magro e presunto;
— aumentar progressivamente a ingestão de sumos e vegetais crus cortados em pedaços muito pequenos. Mastigar muito bem.

Vencer as perturbações digestivas

A prisão de ventre

Vendem-se anualmente trinta milhões de caixas de laxantes! E, no entanto, uma mulher em cada duas sofre de prisão de ventre.

Os laxantes limitam-se a manter o mal em estado latente. A prisão de ventre — uma intoxicação do organismo — é um flagelo que atinge um grande número de ventripotentes.

Por que se sofre de prisão de ventre?

(Propositadamente, não falaremos dos problemas do organismo — apendicite, cancro, fibroma — que necessitam de um tratamento médico.)
— musculatura abdominal muito fraca;
— alimentação muito rica em carne, peixe e alimentos complexos (açúcar, pão branco, conservas, etc...) e insuficiência de vegetais e cereais integrais;
— desequilíbrio nervoso vegetativo;
— insuficiência biliar.

Há vários tipos de prisão de ventre.

A prisão de ventre espasmódica

Os nervos do intestino, hipersensíveis e muito enérgicos, contraem muito o cólon e impedem a progressão das fezes. Além disso, os intestinos inflamados e irritados produzem, por via reflexa, uma contracção de defesa que se opõe à passagem das matérias.

Sintomas: evacuações dolorosas, fezes pequenas, como que estranguladas.

A prisão de ventre «átona»

O cólon preguiçoso não assegura bem o encaminhamento das matérias fecais. É causada, muitas vezes, pela fraqueza dos músculos abdominais, porque a tonicidade das fibras planas do intestino é solidária com a musculatura abdominal. O cólon distendido não consegue, portanto, dar seguimento ao seu conteúdo.

Sintomas: fezes pouco sólidas, que se evacuam dificilmente, mas sem dor.

A prisão de ventre sigmoidiana (parte do cólon antes do recto)

A sensação que provoca a necessidade de evacuar é provocada pela dilatação do recto quando o sigmóide está cheio. Se nos retivermos com frequência, o reflexo enfraquece e desaparece, pouco a pouco, porque o recto perde a sensibilidade.

Os hábitos de retenção vêm muitas vezes dos tempos de escola, do abuso de supositórios, das lavagens, da fraqueza da musculatura local que diminui este reflexo.

Como vencer a prisão de ventre?

Conselhos gerais

— Diminuir tanto quanto possível as proteínas animais (carne, peixe, queijo) e o açúcar.

— Ingerir, de acordo com a tolerância intestinal, cereais integrais (arroz, trigo) e vegetais crus.

— Beber sumos de fruta (maçã, ameixa, groselha, mirtilo, uva), de manhã ou entre as refeições.

— Comer fruta bem madura (pêssego, uva, maçã, damasco, morango, framboesa, mirtilo, groselha, amora), de preferência de manhã ou entre as refeições.

Tratamentos à escolha

— Em jejum, beber tisanas de tomilho, alecrim, freixo.

Tisanas de acção suave: alteia, flor de pessegueiro, urtiga.

Tisanas purgantes: amieiro preto, sene, mercurial, ruibarbo (para tomar no início da cura).

— Comer ameixas secas que ficaram de molho de véspera: beber a água e comer seis a oito ameixas de manhã em jejum.

— Tomar grãos de linho: uma colher de sopa posta de molho de véspera, esmagados e misturados num xarope de ácer (mesmo volume); mastigá-los bem. Logo que a prisão de ventre tenha passado, suspender os grãos de linho.

— Beber azeite virgem: uma colher de sopa ao levantar; também se pode misturar com sumo de cenoura ou de limão.

— Comer castanhas de cajú: mastigar uma dúzia ao levantar.

— Utilizar a levedura alimentar. Tomada antes das refeições, tonifica o tubo digestivo e acalma a inflamação da parede interna do intestino.

— Aromaterapia: alecrim, essência de terebintina (conforme conselho do médico); ou complexo aromático n.º 1, ou óleo essencial de funcho. Três gotas, todas as tardes, numa colher de mel.

— Ginástica: todas as pessoas que sofrem de prisão de ventre tirarão o maior proveito dos exercícios físicos. A ginástica diária é absolutamente indispensável às pessoas que sofrem de prisão de ventre átona.

— Ioga: os exercícios n°s 4, 5, 6 e 7 (ver adiante).

— Relaxamento diário: indispensável aos que sofrem de prisão de ventre espasmódica.

— Para todos, uma regra essencial: evacuar diariamente às mesmas horas. A necessidade far-se-á sentir mais cedo ou mais tarde. É necessário criar o reflexo.

— Banhos de semicúpio, segundo Louis Kuhne (podem fazer-se vários dias seguidos). De manhã, ao acordar, tomar a tisana, depois tomar um banho de semicúpio e deixar-se ficar, de início, 15 segundos; aumentar progressivamente este tempo. Encher um recipiente de água entre 10° e 20°, segundo as possibilidades, mas o mais fria possível, até ao nível do ânus.

O recipiente deve ser aquecido. O corpo deve ser aquecido antes e depois. Ao sair, friccionar com as mãos ou com a ajuda de uma luva de crina e, se possível, repousar durante 10 a 15 minutos.

Pode utilizar-se uma bacia grande, uma bacia de plástico, uma banheira de bebé ou a banheira, onde se coloca um banco para pôr os pés.

Este banho provoca um considerável bem-estar em todo o organismo e reactiva o sistema nervoso. Um importante movimento sanguíneo vai contribuir para eliminar as toxinas e para suscitar um movimento de acção dos intestinos que criará a necessidade de evacuar.

Os friorentos podem, antes e durante o semicúpio, ter os pés em água quente com sal marinho ou com uma decocção de folhas de vide.

Deve suspender-se este banho durante as regras.

Os cardíacos devem ser prudentes e utilizar a água a uma temperatura suportável — 20° a 25° — devendo descer a temperatura progressivamente.

Os lombálgicos devem ter o cuidado de aquecer previamente a região lombar e de se aquecerem em seguida com a ajuda de uma toalha molhada com água quente.

— Magnésio — fazer uma cura de magnésio do seguinte modo: em jejum tomar um copo de 20 g de cloreto de magnésio num litro de água mineral não gaseificada.

— Argila (utilizada por via interna): uma colher de café num pouco de água, durante 15 dias, de manhã, em jejum.

Suspender, se a prisão de ventre não melhorar nos cinco primeiros dias.

Aplicar igualmente as cataplasmas de argila fria, de 2 cm de espessura, em contacto directo com o ventre, protegendo os pêlos da púbis com uma gaze. Manter a cataplasma durante a noite ou durante duas a três horas de dia.

Fricções

Friccionar igualmente o abdómen com uma escova apropriada ou com uma luva de crina. Massagens *DO IN*. (Ver a digitopunctura, p. 77.)

Em caso de lombalgia, consultar um osteopata ou quiroprático. Pode existir uma relação entre os males das costas e a ventripotência.

Um mau estado ao nível lombar da coluna vertebral pode desequilibrar o sistema digestivo.

Os intestinos sujos

A limpeza do intestino é um meio de lutar eficazmente contra a obesidade e a celulite, mas também de conseguir uma saúde melhor.

Poucos de nós se preocupam com os intestinos. Se pudessem saber o que contêm! Os sedimentos incrustados na mucosa do intestino grosso são responsáveis por fermentações pútridas cujas toxinas se espalham continuamente no sangue e são a causa de alergias, de perturbações hepáticas, de artrite, de reumatismos e de numerosas outras doenças. A maior parte dos cancros do cólon situa-se ao nível das suas curvaturas: ângulo do fígado, ângulo do baço, ceco e sobretudo sigmóide e recto, isto é, nas partes em que a colmatagem da mucosa é mais favorável.

Para o Dr. Jansen, a maior parte dos nossos males vem do intestino. As perturbações dos outros órgãos são muitas vezes consequência de um intestino perturbado.

Métodos Naturais e sem Risco para Reduzir o Ventre

Técnicas

— O método do ioga.
— A lavagem (não abusar, porque distende o cólon e perturba o peristaltismo).
— A cura Xanti, fácil e eficaz, mas dispendiosa.

O método do Ioga

O mais fisiológico, o menos dispendioso. Consiste em beber um copo de água tépida salgada e em realizar quatro movimentos no intervalo dos goles de água. Depois de tomados cinco a seis copos, deve tentar-se evacuar. Se passados cinco minutos não se tiver produzido qualquer evacuação anal, voltar a executar os quatro exercícios sem beber.

No caso de não resultar, uma pequena lavagem estimulará a evacuação.

Após esta primeira expulsão, reiniciar o ciclo: beber um copo, exercício, W. C. Pode continuar até que a água saia tal como entrou.

Este método deve ser praticado uma ou duas vezes por semana.

Primeiro exercício:

De pé, pernas com um afastamento de cerca de 30 cm.
Posição: mãos cruzadas por cima da cabeça, braços estendidos, costas direitas.
Movimento: inclinar lateralmente, à direita, o tronco, arrastado pelos membros superiores, voltando sem parar à posição inicial e inclinar também o outro lado. No total, inclinar-se quatro vezes para a direita e quatro para a esquerda. Este primeiro movimento deve ser muito rápido, cerca de dez segundos.
Resultado: o piloro abre-se e permite que a água deixe o estômago e se dirija para o intestino delgado.

Segundo exercício

Sempre de pé, pernas afastadas.

Posição: braço esquerdo na horizontal e estendido; braço direito dobrado, a mão ao nível do peito (clavícula esquerda).

Movimento: rotação máxima do tronco para a esquerda, olhar a mão esquerda. No fim, sem parar, voltar à posição inicial e proceder do mesmo modo para o outro lado. Quatro vezes de cada lado. Duração: 10 segundos.

Resultado: progressão da água no intestino delgado.

Terceiro exercício

Deitado sobre o ventre, as pernas afastadas cerca de 30 cm, colocar a palma das mãos no chão. Levantar todo o corpo do chão sobre os artelhos e as mãos; levantar a cabeça ao máximo, incliná-la à esquerda, tentando ver o calcanhar direito; voltar à posição inicial e recomeçar para o outro lado. Duração: 15 segundos.

Resultado: a água dirige-se para a extremidade do intestino delgado, isto é, para o cólon.

Quarto exercício

Acocorado sobre as pontas dos pés, com um afastamento de cerca de 30 cm, calcanhares para dentro, mãos nos joelhos, com um afastamento de cerca de 50 cm. Fazer girar o tronco, levando o joelho esquerdo ao chão, de modo a que este fique à frente do pé direito.

A lavagem do intestino

Utilizar uma vasilha que contenha um litro de água e um tubo suficientemente longo para ser colocado mais alto que o corpo. Encher a vasilha com um litro de água fervida e juntar uma gota de essência de eucalipto. Também se pode misturar um quarto de litro de infusão de tomilho, à qual se pode juntar o suco de dois dentes de alho (eficaz contra os parasitas).

Depois de ter ido à casa de banho, introduzir o tubo no recto e pôr-se de joelhos, apoiando-se sobre o antebraço esquerdo. Com a mão direita, massajar lentamente o ventre no sentido dos ponteiros do relógio, o que fará subir a água. Parar à mínima dor e retomar a lavagem quando a dor cessar. Quando os intestinos estiverem cheios, deite-se de costas durante cinco a dez minutos.

Alimentação indicada após a limpeza intestinal:
— sumo de cenouras;
— caldo de legumes;
— legumes cozidos no vapor;
— fruta.

A cura Xanti

Trata-se de um duche rectal, à base de plantas, que produz uma reflexoterapia intestinal e elimina todos os intrusos ao nível do cólon: gases pútridos, parasitas, peles mortas (70% das mulheres ficarão surpreendidas ao verem, nas suas fezes, peles mortas que aderiram à parede interna do intestino e são responsáveis pela prisão de ventre, obesidade, má assimilação, celulite).

É uma verdadeira cura de desintoxicação que a senhora Xanti nos legou em 1929. Esta cura permitiu que a senhora Xanti e numerosas pessoas reencontrassem a juventude e a saúde.

O tratamento dura 20 a 30 dias e deve prolongar-se enquanto subsistirem peles, humores viscosos ou musgos compactos nas fezes.

Durante a cura, é necessário evitar o álcool, o chocolate, as gorduras, o leite, os diuréticos e os soníferos, que tornam as funções digestivas e intestinais mais lentas. Não se deve utilizar nunca a pimenta em pó, porque esta, sendo insolúvel, incrusta-se nos tecidos e seca-os. A senhora Xanti atribui à pimenta um grande poder cancerígeno. Devem evitar-se também todas as peles: tomates, fruta, carne e peixe, porque estas colam-se às paredes internas dos intestinos.

Os numerosos testemunhos de gratidão e as fotografias dos doentes, antes e depois da cura, são elogiosos. Eis uma solução suplementar e muito eficaz para conseguir um abdómen normal e, ao mesmo tempo, uma saúde melhor. O intestino são dá repouso ao fígado, aos rins, ao pâncreas e assegura um sangue mais puro e uma pele mais jovem. A maior parte dos nossos males provém do intestino, não o esqueçamos!

O estômago distendido

Apercebemo-nos deste estado desagradável pela aerofagia, após as refeições.

Além disso, a distensão exercida sobre os ligamentos suspensores do estômago provoca contracções ao nível do fígado, do baço e do diafragma, que perturbam o seu funcionamento e favorecem a ptose do cólon transverso.

Consegue remediar-se pela higiene física e alimentar e pela lavagem do estômago.

ESTÔMAGO

Um abdómen proeminente esconde frequentemente um estômago distendido e com ptose do cólon transverso.

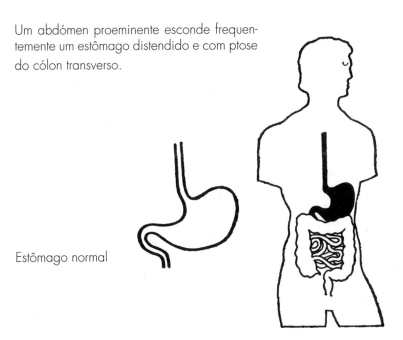

Estômago normal

Métodos Naturais e sem Risco para Reduzir o Ventre

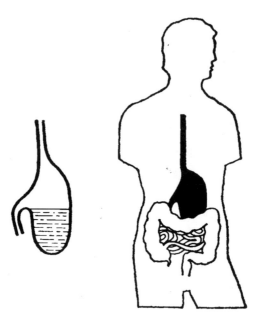

Estômago ptosado que nunca se esvazia completamente. Os resíduos acidificam e provocam acidez, flatulências e dispepsias.

A higiene alimentar:

— mastigar completamente os alimentos;
— beber menos e fora das refeições;
— evitar as associações negativas, que, digerindo-se lentamente, permanecem demasiado tempo no estômago, onde fermentam e produzem gases;
— reduzir as gorduras que tornam a digestão mais lenta;
— deixar o estômago repousar o suficiente entre cada refeição;
— neutralizar as fermentações gástricas e favorecer a digestão com tisanas e aromas.

O ideal seria poder comer deitado, para que o bolo alimentar não fizesse descair o estômago, evitando assim as contracções sobre os órgãos vizinhos e, sobretudo, a distensão do cólon transverso.

Logo que a refeição termine, tentar a posição ioga da vela, que colocará o bolo alimentar na posição correcta;

seguidamente, ficar deitado, se possível de 45 minutos a 1 hora.

A digestão far-se-á melhor e os órgãos melhorarão; os resultados são, quase sempre, compensadores.

Exercícios

Fazer todos os dias:

Ioga: todas as posições inclinadas (*Sarvangasana, Halasana*).

Ginástica, em posição inclinada:
- Pés encostados à parede; n.º 9 a 15 (ver adiante).
- Todos os exercícios em pranchas inclinadas.

Lavagem do estômago

Movimento do ioga — *Vamana dhanti*.

Consiste em beber um litro ou mais de água salgada tépida, expelindo-a em seguida.

Como se pratica (em jejum):

1.º De cócoras, nádegas a alguns centímetros do chão, junto dos calcanhares; os joelhos afastados desoprimem o estômago e comprimem o cólon: a água permanecerá, assim, no estômago. Beber nesta posição um litro de água salgada tépida, sem interrupção, até que o estômago esteja cheio.

2.º Com o estômago cheio, levantem-se, expirem, encolham o abdómen como se o quisessem engolir, relaxem-se, inspirando.

Repitam o exercício dez vezes.

3.º Expulsão do líquido: tronco horizontal, isto é, inclinado para a frente a 90° em relação aos membros inferiores, encolham o abdómen, apertando-o com a mão esquerda.

Introduzam três dedos (indicador, médio, anelar) na garganta até desencadear o reflexo vomitivo.

Continuem enquanto sair água e repousem entre cada expulsão.

Quando tiverem despejado tudo, bebam um copo de água fresca e repousem durante alguns minutos. Não devem beber mais nada pelo menos durante meia hora. Podem fazer a vossa sessão de ioga ou simplesmente de relaxamento.

Frequência: se puderem, todos os dias, durante três semanas; depois, três vezes por semana durante duas semanas e duas vezes durante mais duas semanas; em seguida, uma vez durante algumas semanas. Ficarão surpreendidos com os resultados obtidos: terminam as azias, as flatulências, as eructações, as digestões lentas e aborrecidas e a sensação de estômago pesado.

Terão ultrapassado assim uma etapa importante para conseguirem um abdómen normal.

As distensões abdominais

A maior parte dos ventripotentes sofre de distensão abdominal. Porquê?

Uma má digestão produz a fermentação dos alimentos ingeridos e gases, daí a distensão que se manifesta.

Para diminuírem o abdómen, torna-se absolutamente necessário reduzir a produção destes gases que distendem o estômago e os intestinos. Porque, o que é ainda mais grave, a putrefacção que se manifesta permitirá a disseminação das toxinas no sangue e daí o inexorável processo de artritismo; esta é a razão por que se pode dizer que grande número de reumatismos e artroses se deve ao mau funcionamento do sistema digestivo.

Eis as grandes regras:

— evitar as misturas que favoreçam a fermentação: isto é, evitar a fruta e o tomate durante as refeições, assim como tudo o que é ácido (limão, vinagre, pepinos, etc.), numa refeição em que existam feculentos (massas, arroz, pão, batatas). Tirar a pele da fruta, do tomate, do peixe, do frango, das lentilhas, das ervilhas. Não ingerir líquidos durante as refeições — nem mesmo as sopas líquidas, que devem to-

mar-se isoladamente ou dez minutos antes para não diluírem os sucos digestivos;
— mastigar bem (é o mais importante);
— evitar os inibidores digestivos: álcool, açúcar, mel, gelados, bolos, bombons, leite, café, café com leite;
— não abusar dos feculentos;
— diminuir a quantidade de alimentos, o que favorece a digestão e permite combater as ptoses viscerais (estômago, intestinos);
— todas as manhãs em jejum (ou dez minutos antes de cada refeição), tomar um saquinho de levedura liofilizada (de filóides de plantas aromáticas ou *carràre*) diluída num pouco de água não gelada.

Aromaterapia:

— após a refeição, tomar três gotas de essência aromática n.º 1, com meia colher de açúcar ou, melhor ainda, com um pouco de mel.

Fitoterapia:

— pelo menos meia hora antes das refeições pode tomar-se uma tisana à escolha: anis, funcho, angélica, hortelã, tomilho, alecrim, segurelha, cominhos, chicória, manjerona, orégãos, hissopo; podem tomar-se sós ou misturados. Para evitar a habituação, mudar de tempos a tempos e escolher os que mais convêm.

Pressão digital (ver capítulo, pág. 77):

— em dispersão.
5 Rt, face interna do tornozelo à frente e por baixo do maléolo interno, na concavidade que surge quando voltamos o pé para dentro.
3 Rt, sobre o rebordo interno do pé, precisamente por detrás da bossa de articulação do dedo grande do pé.
12 VC, à largura de uma mão travessa acima do umbigo, mais exactamente, entre o umbigo e o apêndice xifóide.

Ioga:

— árvore, posições 1 e 2, Triângulo, *Hasta-Pasadena*, todas as técnicas respiratórias, mas sobretudo o sopro, *Ardha-Matsyeidra, Paschimatasana, Paripurna-navasana, Sarvangasana, Halasana* e relaxamento.

Reeducação abdominal:

Exercícios de ginástica, páginas 85 e seguintes.

As colites — As gastrites

São uma irritação das mucosas do estômago ou do intestino, cuja causa mais frequente é a fermentação repetida dos alimentos mal digeridos, como consequência de erros alimentares.

Meios naturais de as remediar

Comece por repousar o sistema digestivo, através de:
— um jejum curto de um, dois ou três dias, ingerindo infusões de manjerona, espinheiro, tomilho, alecrim, segurelha, à escolha, e alternando, quer sós quer misturados;
— uma monodieta de um, dois ou três dias, ou sumo de couve, se possível extraído no momento, com um pouco de água. (o sumo de couve tem uma acção cicatrizante sobre as mucosas, sobretudo se for tomado só.);
— uma monodieta, com a mesma duração, de caldo de legumes.

Regresso a uma alimentação normal

Durante três dias só se deve tomar puré de legumes verdes e cenouras. Este caldo celulósico vai limpar o intestino e arrastar consigo os resíduos que cobrem as mucosas.

Depois, deve optar-se por uma alimentação que seja facilmente digerível.

Vencer as Perturbações Digestivas

Conselhos suplementares

Em jejum, tomar meio copo de água, ao qual deverão juntar, de véspera, uma colher de argila verde.
Alguns minutos depois, tomar uma colher de pólen.
Dez minutos antes de cada refeição:
— um pequeno copo de sumo de couve com água;
— ou 30 gotas de suco de rebento de figueira. Pode alternar-se.
Os sumos de batata e cenoura são aconselhados e podem substituir os alimentos crus até que estes sejam tolerados.

Depois das refeições:
>3 comprimidos de *digesrola*
>ou 3 gotas de essência aromática n.º 1
>e metade desse volume de açúcar.

Entre as refeições:
>infusões laxantes, manjerona, espinheiro, salva, laranjeira;
>ou *nénuphilor* (uma bebida relaxante à base de lódão, lúpulo e nenúfar que se encontra nas casas especializadas em dietas).

Pressão digital:

4 GI, 12 F, 17 VC, 36 E; ver digitopunctura pág. 77 ou 8 Rn face interna da perna a três dedos de largura acima do maléolo interno, na direcção oposta da tíbia.
16 Rn de cada lado do umbigo, a um dedo de largura.

Ioga:

Pranayama, a árvore — posição 1.
Respiração controlada. Respiração com uma narina de cada vez.
Concentração sobre o abdómen que vai ficar normal.
Relaxamento completo.

Reeducação abdominal:

Exercícios 6, 7, 9, 10 (ver adiante).

Logo que a inflamação tenha passado, fazer os restantes exercícios.

Fígado cansado

O fígado é o mais maravilhoso laboratório do mundo. As suas funções são múltiplas e importantes. Realiza sínteses muito difíceis, como a transformação da glucose, estando encarregado de reparar os nossos erros alimentares pela neutralização das substâncias tóxicas.

Ora, quando o fígado não consegue realizar perfeitamente a sua tarefa, por estar fatigado devido a uma sobrecarga de trabalho, podem sobrevir numerosas perturbações, como as fermentações intestinais, a adiposidade, a celulite, para só referir as que mais nos interessam neste livro.

Para reencontrar a linha é necessário um fígado são.

Em 24 horas, o fígado filtra mais de 600 litros de sangue. A veia-porta traz e leva todas as substâncias captadas ao nível das vilosidades intestinais: as substâncias digeridas vão ser aí elaboradas.

Além das preciosas substâncias de que o nosso organismo tem necessidade, lá se encontram também os venenos provenientes de uma alimentação de má qualidade, desnaturada, química, com agentes de conservação, de coloração, aromas sintéticos, medicamentos, etc...

Em princípio, o fígado deve neutralizar todas estas toxinas.

Além disso, faz parte do sistema retículo-endotelial, que assegura a defesa do organismo quando este é atacado pela doença.

Esta é a razão por que, nessa altura, não comemos ou comemos pouco, para que o fígado possa combater a intrusão.

Devemos preservar este amigo precioso e indispensável, evitando os seus inimigos e facilitando a sua tarefa.

Os inimigos do fígado

— Os produtos químicos: medicamentos, corantes, conservantes, aromas sintéticos, gases nocivos e certos sais metálicos, como o mercúrio, chumbo, arsénico, cobre, que são frequentemente utilizados no tratamento das árvores de fruto.

— Os venenos vegetais, como certos cogumelos venenosos, o ópio, a pimenta, as amêndoas amargas.

— A nicotina e o alcatrão.

— A noz moscada utilizada em grande quantidade.

É necessário saber que o fígado não se altera imediatamente; a acção destruidora das substâncias químicas age lentamente e só aparece alguns anos depois.

O nervosismo, a angústia, o *stress*, o ar poluído e os rins insuficientemente activos contribuem para perturbar o bom funcionamento do fígado.

Os amigos do fígado

— O ar puro, a calma, uma alimentação sã, um ambiente optimista.

— Os hidratos de carbono: sêmola, arroz integral, trigo integral, massas, caldo de cevada, aveia, farinha de milho.

— Legumes frescos, se possível biológicos, alcachofras, espargos, beringela, cenouras, aipo, chicória selvagem, couve, agrião, alface, rabanete, rábano silvestre e, em pequena quantidade, feijão verde e espinafres (pouco cozidos e biológicos).

— A fruta: mirtilo, cássis, groselha, morangos.

— Sumo de cenoura (150 g por dia), de maçã, de mirtilo.

— A carne magra em muito pequena quantidade: frango, coelho, bife de vaca ou cavalo, grelhados.

— Ovos: frescos, mal passados e em pequena quantidade.

— Produtos derivados do leite: iogurte natural, sem açúcar; leite coalhado de cabra ou *gruyère*; queijo magro em pequena quantidade.

As plantas benéficas

A fitoterapia

A utilização das plantas para fins medicinais foi, em determinadas épocas, posta de parte; e como os químicos, longe de tudo resolverem, levantam sérios problemas, voltamos a socorrer-nos dessas boas velhas plantas dos nossos avós.

Diz-se que se não fazem bem também não fazem mal. O que é falso, porque certas plantas podem fazer muito bem, mas outras podem também provocar grandes males.

As que indico, principalmente para tratar as perturbações digestivas, são muito benéficas, porque contêm substâncias muito activas.

Modos de utilização

Infusão

Coloque as plantas em água a ferver, retirando-as imediatamente do lume. Tape-as e deixe-as em infusão durante, pelo menos, dez minutos.

Decocção

Coloque as plantas em água fria, ferva-as durante dez a trinta minutos. Pode ainda deixá-las em infusão antes de as filtrar. A decocção é mais indicada para as madeiras e raízes. Em geral, uma colher de sopa para cada chávena. Variem de tisanas para evitar a habituação.

Para:	Planta	Preparação
Fígado	Raiz de chicória Raiz de taráxaco Raiz de bardana Raiz de saponária (ou flores) Folhas ou flores de alecrim ou verbena Folhas de alcachofra picadas Boldo (folhas)	Decocção: 15 minutos. Uma chávena de manhã em jejum. Deixar em infusão 15 minutos. Várias vezes por dia. Decocção: 10 minutos. Uma chávena antes de cada refeição. Infusão antes das refeições.
Prisão de ventre	Acção suave: freixo, malva, alteia; purgativa: amieiro preto, mercurial, campainhas, sene de Alepo	Uma chávena à noite, antes de deitar, e uma de manhã, em jejum.
Digestão	Tomilho, serpão, alecrim, segurelha, angélica, anis verde, funcho, mentol, orégão, melissa, gengibre, manjerona.	Sós ou misturados. Infusão. Uma chávena após as refeições.
Diabetes	Folhas de mirtilo, boldo, eucalipto, nogueira, cauda-de-cavalo.	Infusão: 30 minutos. Uma chávena antes de cada refeição.
Distensões abdominais	Anis verde, cominhos, chicória, coriandro, angélica, aneto, imperatória.	15 g em cada ½ litro de água. Coloquem em infusão. Uma chávena após as refeições.
Diarreia	10 g de raiz de *cousandre*, 10 g de folha de silva, 10 g de raiz de alteia. Decocção: 5 g de tanchagem, 5 g de anis verde.	2 colheres de sopa desta mistura para ½ litro de água. 5 minutos. Várias chávenas por dia.

A aromaterapia

É uma variante da fitoterapia. Utilizam-se destilados hiperconcentrados de plantas aromáticas para a beleza e saúde.

A aromaterapia data dos tempos mais recuados.

Na antiguidade, a sua utilização foi muito frequente.

As qualidades das essências aromáticas são múltiplas: desintoxicantes, bactericidas, antifermentantes, anti-sépticas, antálgicas, cicatrizantes, diuréticas, vermífugas.

A sua absorção pela pele é imediata, dado que se espalham na circulação geral para atingir os órgãos com que são compatíveis.

Ex.: funcho..................... tubo digestivo, intestino
baga de zimbro......... rins
camomila................. estômago

O seu efeito é tanto mais poderoso quanto mais perfumadas forem as plantas. A sua associação permite uma interessante sinergia.

Modo de utilização

Via interna:

Tomar três gotas numa colher de mel ou de açúcar.

Via externa

Friccionadas no corpo, directamente ou misturadas com óleo de amêndoa doce ou de azeitona.

No banho: algumas gotas na água do banho.

Em vaporização: com um aparelho que espalha as essências no ar.

Métodos Naturais e sem Risco para Reduzir o Ventre

Para	Essência	Uso
Aerofagia Distensão abdominal	Anis verde, funcho, chicória, manjerona, estragão, complexo aromático n.º 1.	três gotas após a refeição.
Digestão difícil	Camomila, alecrim, segurelha, orégão, funcho, salva, basilisco, serpão.	
Fermentações gástricas	Cravo-da-Índia.	
Obesidade	Limão, cebola.	
Vesícula biliar	Alecrim, segurelha, taráxaco, tomilho.	
Fígado	Camomila, limão, aipo.	
Intestinos	Tomilho, segurelha, estragão, basílico, complexo aromático n.º 1.	
Diurético	Gengibre, bétula, cipreste, alecrim, complexo aromático n.º 2.	três gotas entre as refeições.
Desintoxicante	Sassafrás, limão.	
Sedativo	Lúpulo, melissa, manjerona, tília, camomila, complexo aromático n.º 5.	três gotas antes de deitar.
Reanimante	Ginsengue, gengibre, salva, segurelha.	três gotas pela manhã.

As automassagens

A digitopunctura

A acupunctura e a auriculoterapia são úteis para se conseguir um abdómen normal, mas são do domínio dos especialistas.

Pelo contrário, a massagem de determinados pontos pode ser muito benéfica e qualquer pessoa a pode executar.

Como proceder

Carregue com a polpa do polegar e rode no sentido das agulhas de um relógio para tonificar, no outro sentido para dispersar. Também se pode utilizar a cabeça arredondada de uma esferográfica de plástico.

Efectuam-se duas a três rotações por segundo.

A pressão será lenta e prolongada para dispersar, rápida e ligeira para tonificar.

Eis alguns pontos a massajar em certas circunstâncias.

Todos estes pontos são simétricos, o que significa que devem ser massajados dos dois lados, com excepção do V C. (vaso de concepção).

Para favorecer a digestão e acalmar o sistema nervoso: 36 E, 4 GI, 3F.

Se sofre de prisão de ventre: 25 E.
Se o fígado é preguiçoso: 3 F, 14 F.
Se sofre de distensão abdominal: 6 RT, 36 E, 13 F.
Se tem náuseas: 21 Rn.
Para combater a fadiga geral: 36 E.
Para favorecer o funcionamento do estômago: 12 VC; dos rins: 9 VC, 1 Rn, 2 Rn, 65 V.
Em caso de angústia: 15 VC, 17 VC.

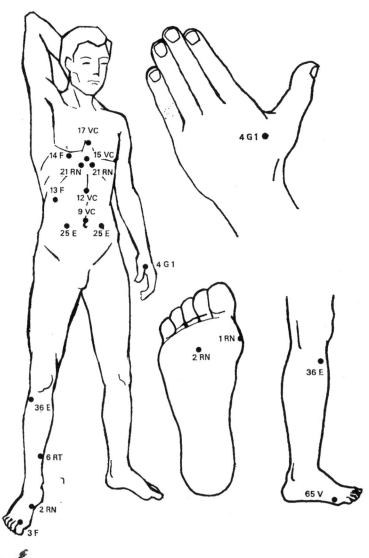

As Automassagens

Pontos	Zona	Posição	Localização	Problemas
2 Rn	Pé	Rebordo interno	Por trás do escafóide, à frente e por baixo do maléolo interno	Edema. Retenção de água. Obesidade aquosa. Regras irregulares.
21 Rn	Tórax	A dois dedos da linha média	Por baixo do rebordo da última costela	Náuseas. Eructação. Enjoo nos transportes.
65 V	Pé	Rebordo interno	Atrás da 5.ª articulação metatarso-falangiana	Obesidade aquosa. Diurético.
25 E	Abdómen	Nível do umbigo	A dois dedos de cada lado do umbigo	Ponto MO do intestino. Prisão de ventre. Gases. Afecção intestinal.
9 VC	Abdómen	Umbigo	A um dedo acima do umbigo.	Edema. Obesidade aquosa. Diurético. Contribui para diminuir a cintura.
12 VC	Abdómen	Linha média	A meia distância entre o umbigo e a base do apêndice xifóide	Ponto MO do estômago. Acalma as náuseas, as perturbações do estômago e a indigestão.
15 VC	Abdómen	Linha média	Na extremidade do apêndice xifóide	Aerofagia. Vómito. Angústia.
17 VC	Tórax	Sobre o esterno	Entre os seios	Distonia neurovegetativa. Palpitações. Tosse. Asma.

Métodos Naturais e sem Risco para Reduzir o Ventre

O DO-IN

Massagem orgânica pelo DO-IN
(Segundo J. B. Rishi)

TAOU

A prática do *DO-IN* favorece o bom funcionamento dos nossos órgãos.

Esta massagem permite eliminar a prisão de ventre e estimular a bexiga.

Como proceder

Com a polpa dos dedos, alternando com a mão esquerda e direita, fazer uma passagem, descendo do esterno para a púbis.

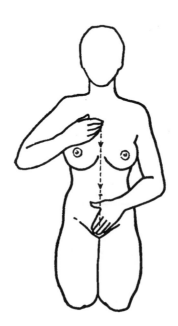

Para combater a aerofagia. Relaxar o estômago.

Como proceder

Juntar os dedos estendidos na concavidade do estômago.

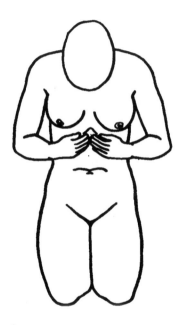

Para estimular o fígado, a vesícula biliar, o baço e o pâncreas.
Dar flexibilidade ao diafragma.

Como proceder

Juntar os dedos na extremidade das costelas, inspirar. Inclinar-se para diante, expirando.

Massajar debaixo das costelas, imprimindo um movimento giratório aos dedos e respirando calmamente.
Levantar-se, inspirando.

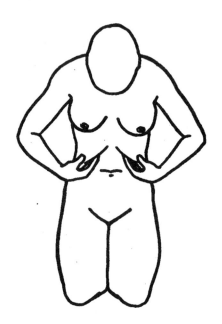

A reflexologia plantar

(Segundo Eunice Ingham (EUA))

Vemos, pelo esquema da página seguinte, a representação visceral da planta do pé.
— A linha horizontal «cintura» corresponde à nossa estatura.
Verificamos que a projecção orgânica na planta do pé é a réplica da localização dos órgãos no corpo. Logo, o coração projecta-se à esquerda e o fígado à direita. A coluna vertebral no rebordo interno do pé: cerviz em cima, cóccix em baixo.
Exame: faz-se com o rebordo externo do polegar apoiado na região escolhida. Se o órgão está debilitado ou doente, encontrarão um pequeno depósito cristalino, como um pequeno grão de areia, debaixo da pele, ao nível da sua representação.

As Automassagens

Massagem: sempre com o rebordo externo do polegar, semi apoiado, rodar sobre a região que necessita de tratamento.

Para favorecer o trânsito intestinal, faça a massagem seguindo a representação do cólon, no sentido dos ponteiros de um relógio.

Comece pelo rebordo externo do pé esquerdo, de baixo para cima; depois, o cólon transverso, e continue no cólon transversal do pé direito, depois, de cima para baixo, pelo rebordo externo deste pé, para o cólon descendente, e continue no sigmóide.

Esta massagem-reflexo tem muito interesse para os que sofrem de prisão de ventre.

É do maior interesse associar a esta massagem o fígado e a vesícula biliar, alguns minutos em cada pé.

Para as pessoas que sofrem de dores lombares ou de ciática, massajar a zona reflexa correspondente, que se situa ao nível do calcanhar.

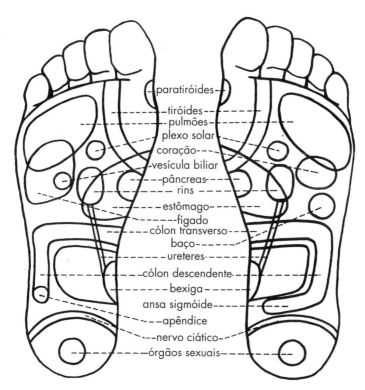

Os exercícios físicos

A marcha

A vida sedentária é o pior inimigo do homem moderno e do ventripotente. Para aqueles que são alérgicos à ginástica ou ao ioga, resta-lhes esta forma de exercício, bem aceite e indispensável: a marcha.

A motorização privou-nos de um dos actos mais úteis ao homem. A marcha põe-nos em contacto directo com a natureza, proporcionando-nos, a maior parte das vezes, a tranquilidade do sistema nervoso.

A marcha ajuda a eliminar as toxinas, estimula a respiração, activa a circulação, favorecendo assim todo o funcionamento dos órgãos, e acalma a tensão nervosa.

Andem muito a pé, deixem o vosso automóvel e passeiem ao ar livre: reencontrarão um prazer que talvez tenham esquecido.

Como proceder:

1) começar com o calcanhar da perna que fica à frente, enquanto os artelhos da perna que fica atrás se dobram completamente.

2) verifiquem se o joelho está bem esticado quando iniciarem a marcha.

3) não hesitem em dar passadas largas, poderão fazer quilómetros sem se fatigarem.

O Ioga

Devo-lhe toda a transformação do meu corpo e do meu espírito.

Identifico dois períodos diferentes na minha vida. No primeiro, conheci a doença. Depois, com a prática do ioga, deu-se a transformação. Praticamente, já não sei o que é a dor física, os medicamentos, a angústia. Muitos dos meus seguidores descobriram nova beleza nas suas vidas. O ioga, quando praticado correctamente, assegura uma vida melhor.

O que é o Ioga?

Um ensinamento que herdámos de eras remotas, com 5000 anos, ou talvez mais.

Em sânscrito, *ioga* quer dizer *união*.

De origem indo-ariana, a Índia assimilou-o ao seu modo de pensar, e assim se tornou um dos seis grandes sistemas filosóficos deste país.

Uma sessão de Ioga consiste em:

— posições (*asana*) que se mantêm durante 30, 60 ou mais segundos.
— respirações (*pranayama*).
— concentrações (*dharana*).
— relaxamento.

O que se pode conseguir

Uma melhoria da flexibilidade articular, uma tonificação muscular; uma actividade circulatória, uma modificação completa das capacidades respiratórias, uma tranquilidade dos nervos, uma massagem orgânica.

Toda o organismo tirará daí o maior benefício, mas obteremos sobretudo uma verdadeira transformação mental através deste famoso *self-control*, tão necessário em todas as circunstâncias.

A prática do ioga não é indispensável para reduzir o ventre. Mas contribuirá grandemente para isso e permitirá manter os resultados.

Não tenho a pretensão de desenvolver esta arte em algumas páginas, mas proponho-vos uma selecção de quatro procedimentos, Asana, Pranayama, concentração, relaxamento, que, praticados todos os dias ou algumas vezes por semana, vos ajudarão a reduzir o ventre.

A sessão de ioga deve realizar-se em calma e serenidade, num local agradável e arejado, idealmente ao ar livre. Concentrem-se durante cada *Asana*.

As posições

Comecemos por:

A Árvore — posição 1

Equilibrem-se sobre uma perna. O pé da outra perna fica colocado sobre a face interna da primeira.

Esta posição necessita de uma concentração do equilíbrio físico e a sua perfeita realização ajudar-vos-á a reencontrar o equilíbrio interior.

Levem as mãos ao chão, expirando e encolhendo o abdómen. Mantenham-se nesta posição respirando normalmente durante 15 a 30 segundos.

Levantem-se, inspirando. Mudem de perna. Repitam o exercício.

Acção:

Favorece o equilíbrio interior e a flexibilidade articular. Tonifica os órgãos abdominais.

Trikonasana (O Triângulo) — posição 2

De pé. Pés suficientemente afastados. Braços em cruz. Inspirem. Baixem-se em direcção ao pé esquerdo, expirando. Os braços devem estar no prolongamento um do outro. Olhem para a mão de cima. Concentrem-se no vosso abdómen encolhido.

Este *asana* dá maior flexibilidade às vossas articulações e aos músculos das ancas, da coluna vertebral e dos membros.

A concentração dos músculos abdominais nesta posição ajuda-vos a conseguir um melhor controlo dos mesmos.

A pressão exercida ao nível das vísceras abdominais favorece o seu bom funcionamento.

Corakshana — posição 3

Sentados. Costas bem direitas, plantas dos pés bem juntas, aproximem os joelhos o mais possível do chão. Inspirem, puxando os ombros o mais para trás possível. Suspendam a respiração durante dez segundos. Concentrem-se nas vossas costas bem direitas e no vosso abdómen encolhido.

Expirem, encolhendo o abdómen o mais possível.

Repitam o exercício seis a dez vezes.

Acção

Maior flexibilidade das articulações das ancas, desenvolvimento dos músculos interiores das coxas. Uma postura correcta.

Hasta-padasana — posição 4

Sentados. Afastem as pernas o mais possível.
Endireitem-se, inspirando. Toquem nos pés, expirando.
Concentrem-se no vosso abdómen, que devem encolher o mais possível.

Acção

Maior flexibilidade da articulação das ancas.

Robustecimento dos músculos da face externa das coxas.
Melhor controlo da contracção dos músculos abdominais.

De cócoras sobre os calcanhares — posição 5

Afastem os joelhos o mais possível. Juntem as mãos sobre o peito. Costas bem direitas. Inspirem, colocando os ombros para baixo e para trás, dilatando o tórax; mantenham os pulmões cheios durante 15 segundos. Expirem, encolhendo o abdómen o mais possível.
Repitam este exercício seis vezes.

Acção

Activa o sistema de equilíbrio neuromuscular. Contribui para o nosso equilíbrio e leva-nos ao *self-control*. Favorece a reeducação abdominal e dorsal.

Paripurna Navasana — posição 6

Deitados de costas, com os braços para atrás, inspirem calmamente e arqueiem o corpo tentando agarrar os dedos dos pés; mantenham-se em equilíbrio durante o maior espaço de tempo possível, conservando sempre o abdómen encolhido.

Acção

Desenvolve o sentido do equilíbrio e a vontade.
Tonifica os músculos abdominais.
Estimula os órgãos digestivos. Combate a prisão de ventre.

Paschimatanasana/robustecimento dorsal — posição 7

Deitados de costas. Inspirem, levando as mãos atrás; levantem se, expirando e encolhendo o abdómen, e tentem tocar nos pés, se possível no dedo grande do pé. Evitem a curva dorsal; insistam ao nível lombar. Concentrem-se no vosso abdómen, que deve estar encolhido o mais possível.

A respiração deve ser normal.
Duração: 10, 15, 30 segundos, progressivamente, e até mais, se o conseguirem.
Tentem uma evolução progressiva. Evitem esforços intempestivos. Com paciência, conseguireis atingir os vossos objectivos.

Acção

Robustecimento dos músculos posteriores das coxas e das costas, que bem necessitam. Serão necessários apenas alguns meses para conseguirem o efeito, mas não forcem, pois poderão surgir cãibras que impedirão qualquer progresso. Seria lamentável, pois este *asana* ajuda-vos a combater a prisão de ventre e a diminuir o abdómen.

Supta-vairana — posição 8

Sentados sobre os calcanhares, ou melhor, tentem sentar-se entre os pés afastados. Inclinem-se para trás. Tentem tocar o chão com os cotovelos e, se possível, com a cabeça.

Acção

Dá maior flexibilidade aos tornozelos e aos joelhos.
Estimula o plexo solar e a actividade glandular.
Necessita de um grande domínio e corrige a curva das costas. É difícil, de início, mas acaba por se conseguir a maior parte das vezes, trazendo então grandes benefícios para o sistema nervoso.

A respiração

É o primeiro e o último acto da vida.
Respiração = Vida.
Se melhorarmos a nossa respiração, melhoraremos a nossa vida. Se podemos, sem qualquer risco, passar alguns dias sem comer e sem beber, o certo é que apenas

podemos passar alguns segundos sem respirar. No entanto, foram poucos os doentes que encontrei que soubessem respirar fisiologicamente. Quantos males seriam tão fáceis de evitar se houvesse um perfeito conhecimento do acto respiratório. O nervosismo, por exemplo, pois as nossas células nervosas têm necessidade de muito mais oxigénio do que as outras células...

O fígado funciona melhor ao ar livre. Digere-se melhor depois de se ter passado um dia ao ar livre.

Se aprendermos a respirar convenientemente, oxigenaremos todos os tecidos, melhoraremos o ritmo cardíaco. Além disso, os exercícios respiratórios activam os músculos abdominais e contribuem para reduzir o abdómen.

Tudo isto é apenas uma parte dos inúmeros benefícios que se podem tirar da respiração.

Técnica respiratória

Respiração consciente na posição de deitado:

Deitados de costas, pernas dobradas, inspirem, relaxando o abdómen sem o encher, encham então a caixa torácica e puxem os ombros para baixo e para trás.

Expirem (soprem) pelo nariz, encolhendo o abdómen o mais possível e esvaziando a caixa torácica.

Controlem os movimentos do abdómen e das costelas com as mãos.

Observação

Tanto para inspirar como para expirar, o movimento faz-se de baixo para cima, isto é, começa-se sempre pelo abdómen.

Muito importante

A respiração deve ser lenta e completa. Além disso, é necessário fazer uma pausa entre a fase inspiratória e a fase expiratória e vice-versa.

Respiração controlada:

Sentados no chão, pernas cruzadas (à indiana), corpo bem direito e mãos nos joelhos.

Expulsem o ar, encolhendo o abdómen.

Inspirem, relaxando o abdómen; seguidamente, encham o tórax e puxem os ombros para trás e para baixo até aos joelhos. A caixa torácica fica, assim, dilatada, durante alguns segundos.

Expirem, encolhendo o abdómen o mais possível.

Fiquem durante alguns segundos com os pulmões vazios.

Inspirem.

Respiração com uma narina de cada vez

Sentados no chão, pernas cruzadas à indiana, corpo bem direito. Com o dedo indicador sobre a testa, fechem a narina direita com o polegar, expirem, encolhendo o abdómen e esvaziando o tórax.

Inspirem, com esta mesma narina, relaxando os músculos abdominais e enchendo a caixa torácica por completo.

Mudem de narina — expirem — inspirem; repitam o exercício seis vezes.

Respiração de sopro:

Sentados no chão, pernas cruzadas à indiana, corpo bem direito. Mãos nos joelhos.

Encolham o abdómen rapidamente, expirando.

Inspirem rapidamente, relaxando os músculos abdominais, enchendo o peito o mais possível.

Soprem imediatamente, encolhendo o abdómen.

Inspirem imediatamente...

À sexta inspiração, conservem o sopro por 15 segundos, depois expirem calmamente.

Acção

Importante oxigenação e purificação do sangue. Intensa actividade dos músculos abdominais.

Os Exercícios Físicos

Praticados todos os dias, estes *pranayamas* dar-vos-ão calma, serenidade e bem-estar, tanto físico como moral. Além disso, reforçando a defesa das vias respiratórias, contribuirão para melhorar consideravelmente a saúde.

Concentração

Sentados no chão, pernas cruzadas à indiana, corpo bem direito.
Fechem os olhos. Encolham o abdómen.
Visualizem o vosso abdómen normal. (Imaginem-no.)
Convençam-se de que o vosso abdómen está normal.
Digam para vós mesmos que a vossa saúde está melhor, que estão no bom caminho.
Sejam positivos, confiantes.
Tornar-se-ão senhores do vosso corpo.
Vamos continuar com:

Ardha-matsyendra (Ou posição torcida) — posição 9

Sentados com a perna esquerda dobrada.
Passem o pé direito por cima, face plantar no chão.
Inspirem pelo nariz, puxando os ombros para baixo e para trás.
Expirem, encolhendo o abdómen e rodando o tronco para irem agarrar o pé esquerdo com a mão direita.
Mantenham-se em respiração normal durante 30 segundos.
Voltem à posição inicial, inspirando e levantando-se.
Mudem de pé e repitam o exercício invertendo a posição.

Acção

Os movimentos de torção lateral corrigem os desvios da coluna vertebral.
Esta posição actua igualmente sobre os intestinos, o baço e os rins e contribui para reforçar a circulação sanguínea abdominal.

Sarvangasana — posição 10

Deitados de costas. Inspirem calmamente. Dobrem os joelhos. Executem um pequeno golpe de rins para conseguirem uma posição vertical, cotovelos no chão, mãos na parte côncava das costas. Mantenham-se nesta posição durante o maior espaço de tempo possível. Apesar da dificuldade em executar este exercício todos os dias, consegui-lo-ão. O exercício tornar-se-á mais fácil se se colocarem junto de uma parede.
Procurem o equilíbrio.
Não se trata de um *asana* de força, mas de equilíbrio.

Acção:

Descongestiona os membros inferiores, irriga inversamente os órgãos e os centros nervosos, retarda o aparecimento das rugas, regulariza o funcionamento da tiróide, dos ovários e das gónadas.
Fornece nova energia ao organismo. Rejuvenesce.
Benéfico para varizes, hemorróidas, hérnias e sobretudo para a ptose do estômago e dos intestinos.
Verifica-se igualmente uma diminuição de cerca de 20% do índice de cortisol plasmático.

Viparitacarani — posição 11

Partindo da posição anterior, estendam as pernas para trás, fazendo ângulo recto em relação ao corpo.
Encolham o abdómen.
Conservem esta posição durante cerca de 30 segundos. A respiração deve ser normal.

Acção

Completa a posição anterior com tonificação dos músculos da anca e do abdómen.
Aumenta o fluxo sanguíneo para os músculos do rosto (combate o aparecimento das rugas).

Permite igualmente o descongestionamento dos seios frontais.

De acção benéfica para as amigdalites e para os primeiros indícios de constipação.

Halasana — posição 12

Manter a posição anterior e procurar tocar o chão com os dedos dos pés.
Colocar as mãos debaixo da nuca.
Concentrar a atenção no abdómen, que deve estar encolhido.

Acção

Complementa as duas posições anteriores.
Combate a fadiga. Dá maior flexibilidade à coluna vertebral.
Alimenta com sangue oxigenado os centros nervosos paravertebrais, o que anula a fadiga.
A compressão abdominal produz uma massagem no fígado, pâncreas, baço, rins e supra-renais.
Ajuda a combater os depósitos de gordura ao nível da cintura.

O relaxamento

Deitar de costas.
Inspirar calma e profundamente pelo nariz.
Tomar consciência das contracções musculares.

Como proceder:

— erguer o braço direito um pouco acima do solo, deixá-lo cair por si, sem contracção;
— igual procedimento para o braço esquerdo;
— a seguir, encolher a perna direita ao nível do chão;
— deixá-la cair sem contracção;
— igual procedimento para a perna esquerda;

— a seguir, descontrair os músculos do pescoço, deixando rolar a cabeça da direita para a esquerda e da esquerda para a direita, lentamente;
— os músculos devem estar relaxados;
— tentar conseguir o máximo;
— descontrair;
— relaxar;
— ficar totalmente descontraído;
— os nervos estarão relaxados;
— o espírito estará calmo.
Tentar conseguir o máximo.
— relaxar.

A ginástica

Foi intencionalmente que escolhi os movimentos na posição horizontal, dado que a maior parte das pessoas que têm barriga possuem órgãos cujos ligamentos estão distendidos, músculos frágeis, sujeitos a hérnias.

Convém, portanto, evitar que estes órgãos sejam comprimidos, o que acentuaria a deficiência.

Invertendo a posição, os músculos actuarão tanto melhor quanto mais correcta for a posição dos órgãos — sobretudo a do intestino e do estômago —, que assim voltarão a ocupar o seu devido lugar.

Eis uma selecção de exercícios especialmente recomendados para tonificar os músculos abdominais e que respeitam o equilíbrio vertebral.

Exercício de aquecimento:

1 — deitado de costas, estender as pernas na vertical e efectuar uma série de pequenos batimentos longitudinais — 20, 30, 60 conforme as possibilidades;

2 — tesoura: manter a mesma posição do tronco e das pernas, mas desta vez os batimentos serão transversais;

3 — na mesma posição, efectuar círculos com cada uma das pernas, seis para um lado e seis para o outro;

4 — na mesma posição, efectuar agora círculos com as duas pernas ao mesmo tempo;

5 — a seguir, com os joelhos dobrados, as costas bem assentes no chão, as mãos vão para trás, inspirando. Em seguida tocar nos joelhos, erguendo o tronco e expirando. Nesta posição, manter o abdómen encolhido durante dez segundos e depois voltar a deitar-se, inspirando. Repetir o exercício 12 vezes;

6 — deitados de costas, segurar os joelhos com as mãos e erguê-los até ao peito, expirando e encolhendo o abdómen o mais possível. Manter esta posição durante dez segundos e repetir o exercício dez vezes;

7 — deitado de costas, joelhos junto do peito, braços em cruz, baixar os joelhos para o lado direito, aproximando-os da mão direita expirando. Manter o abdómen bem encolhido durante três segundos. Voltar à posição inicial, inspirando, e em seguida aproximar os joelhos da mão esquerda, inspirando. Dez vezes para cada lado;

8 — deitado de costas, membros inferiores a 90°, mãos debaixo da parte inferior das nádegas, executar um pequeno golpe de rins e puxar os membros inferiores para trás, na direcção da cabeça, inspirando e encolhendo o abdómen. Voltar à posição inicial, inspirando. Repetir o exercício seis vezes. Aumentar progressivamente, de acordo com a sua capacidade;

9 — deitado de costas, nádegas a 30 cm de uma parede, face plantar dos pés sobre a parede, erguer a parte inferior das nádegas, isto é, elevar a púbis para cima e para a frente. Manter-se durante seis segundos nesta posição, com o abdómen encolhido depois de terem expirado o mais possível. Tornar a baixar, inspirando. Repetir o exercício dez vezes;

10 — um pé contra a parede, púbis para a frente e para cima, abdómen encolhido, executar um grande círculo com a outra perna. Dez círculos num sentido, dez no outro; mudar de perna.

Se puderem comprar ou fazer uma prancha inclinada, os exercícios que se seguem serão muito úteis:

11 — posição conforme a gravura. Levantar e baixar lentamente as duas pernas;

12 — executar círculos, membros inferiores a 90° em relação ao tronco;

13 — executar 30 pedaladas para um lado e para o outro;

14 — desta vez com as pernas pendentes, erguê-las o mais alto possível, lentamente, depois baixá-las e repetir o exercício 15 vezes. Podem também calçar sapatos pesados para aumentar o esforço muscular;

15 — colocar os pés debaixo da correia, erguer o tronco encolhendo o ventre. No início, as mãos vêm tocar os pés. Repetir o exercício seis vezes.

Depois de 15 dias de prática destes exercícios, colocar as mãos por trás da nuca e tocar no joelho esquerdo com o cotovelo direito. Baixar-se e repetir o exercício com o outro cotovelo.

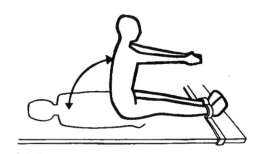

Conclusão

As diversas possibilidades

Neste momento já sabemos que só se pode conseguir e manter um abdómen normal se respeitarmos uma certa higiene de vida.

Eis várias soluções que poderão escolher, de acordo com o caso, as possibilidades e a vontade de cada um.

É vosso desejo diminuir o mais possível o volume do abdómen e estão dispostos a fazer todos os esforços para isso.

Deverão escolher entre jejuar durante dois, três até nove dias ou seguir a monodieta durante igual tempo. No que se refere ao jejum, consultar a página 50, no que se refere à monodieta, consultar a página 51.

De véspera, à noite, tomar uma ligeira infusão laxante de sene, amieiro preto, malva.

Diariamente, tomar três a quatro taças de tisana de tomilho, alecrim, salva, uma ou outra ou as três. Beber igualmente água pura. Limpem os intestinos, fazendo o duche rectal de três em três dias. Ver pág. 62.

É igualmente aconselhável limpar o nariz. O jejum desintoxica, o que quer dizer que as toxinas interiores querem sair. É esta a razão por que as mucosas ficarão mais sobrecarregadas.

Durante e depois do jejum:

Fricções. Massagens. Digitopunctura. Banhos aromáticos. Serão aconselháveis banhos de semicúpio.

O regresso à alimentação deverá ser progressivo; ver pág. 52. Tomar em consideração as regras de higiene geral largamente expostas nesta obra. Não esquecer que o gérmen de trigo, a levedura alimentar, os sumos de legumes e de frutos frescos ajudarão a suprir as carências.

O vosso estado não é alarmante: não é necessário fazer o jejum ou a monodieta.

Podem limitar-se a respeitar as seguintes regras. Os resultados serão proporcionais aos esforços.

Evitar:

O açúcar, as gorduras animais, as conservas, as misturas de carne e feculentos ou feculentos e frutos ácidos.

Tomar de preferência:

— sumos de legumes no início das refeições.
— salada de legumes crus.
— legumes verdes cozidos no vapor,
ou cereais integrais
ou peixe fresco
ou ovos frescos.
— queijo não fermentado.
— A fruta e os sumos de fruta apenas deverão ser tomados numa refeição de fruta.
— Não tomar líquidos durante a refeição, mas antes ou entre as refeições.
— Mastigar bem.
— Depois da refeição, uma tisana, quer de mentol, salva, verbena, basílico ou funcho, pode favorecer a digestão.

— Uma tisana de manhã em jejum ou antes de se deitar. Ver pág. 74.

Considerando estes pequenos pormenores, em relação ao vosso sistema digestivo, o abdómen melhorará, mas não hesitar em fazer também:

— fricções com óleos essenciais, ver pág. 64;
— banhos aromaterápicos;
— banhos de semicúpio.

O Ioga

Sobretudo a respiração e o relaxamento.

Os exercícios:

É preferível praticá-los dez minutos por dia do que uma hora uma vez por semana.

Como programar um dia

De manhã, em jejum:

— tomar uma tisana
ou um sumo de fruta
ou gérmen de trigo;
— em seguida, fazer um pouco de exercício ou de ioga, depois um duche, seguido de fricção ou de massagens com óleos essenciais.

Pequeno-almoço:

pode consistir em fruta fresca ou seca. Pão integral com manteiga ou nozes, queijo fresco ou iogurte.

Almoço:

— sumo de legumes;
— alimentos crus, salada;

— legumes cozidos no vapor, com ou sem carne, ou peixe, ou, melhor ainda, cereais integrais;
— queijo não fermentado;
— tisana.

Jantar:

— caldo de legumes, ou alimentos crus ou sumos;
— ovos frescos mal passados, ou cereais ou legumes;
— iogurte ou nozes.

Antes de deitar:

— tisana ou maçã;
— relaxamento.

Respostas às perguntas mais frequentes

P. — É obrigatório fazer o jejum antes de iniciar a cura higiénica de emagrecimento?
R. — Não é absolutamente necessário, mas é aconselhável fazer pelo menos três dias de monodieta para que todo o sistema digestivo repouse, e em particular o fígado.

P. — O jejum é prejudicial, pode atacar os órgãos nobres: a fonte tissular ao nível do fígado ou do sistema nervoso, por exemplo?
R. — Os órgãos vitais não correm qualquer risco: são essencialmente as gorduras que contêm numerosas toxinas que primeiro desaparecem, depois vêm os músculos. A diminuição muscular será rapidamente recuperada com um pouco de exercício e uma alimentação sã. A falta de movimento é mais prejudicial aos músculos do que o jejum. Tomo a liberdade de repetir que o jejum não deve ser feito para emagrecer mas para limpar o organismo.

O único senão do jejum é a crise de desintoxicação. Trata-se, na realidade, de uma coisa muito boa para a nossa saúde, dado que é a prova da eliminação das nossas toxinas.

P. — *Deve suprimir-se o sal ?*
R. — Se não sente necessidade de sal, então passe sem ele. Caso contrário, reduza a quantidade ao mínimo, porque o sal favorece a hipertensão arterial, geradora de perturbações circulatórias cardíacas e cerebrais, entre outras. Se reflectirmos, o sal é um *doping* como o álcool, o tabaco e o café. Não existe na alimentação original; os animais não o consomem. Portanto, é preferível desabituar-se dele progressivamente.

P. — *Se bem entendo, seria bom ser vegetariano.*
R. — O vegetarianismo, seguido com critério, tem salvo grande número de pessoas, mas não é necessário ser vegetariano para se conseguir diminuir o volume do abdómen. Se não gosta de carne, não há qualquer interesse em comê-la. Encontrará tudo o que lhe faz falta no reino vegetal.
Se, pelo contrário, sente necessidade absoluta de comer carne, então coma-a com moderação, diminua o seu consumo progressivamente, coma de preferência fruta, vegetais crus, cereais integrais. Mastigue bem e, mais uma vez, não misture a carne com feculentos.

P. — *Gosto das coisas boas e custa-me privar-me delas.*
R. — Bravo! Eu sou epicurista, filho e neto de pasteleiro, gosto do que é realmente bom; reeduquei o meu gosto. Como menos e melhor. Cada refeição é para mim uma festa. A culinária é rápida e simples, os alimentos frescos e de qualidade! Mastigar bem é reencontrar o verdadeiro gosto das coisas. Os vegetais crus preparam-se rapidamente, basta um pouco de óleo de primeira pressão a frio, sumo de limão, salsa e um pouco de sal.
A carne ou o peixe são grelhados sem gordura, temperados com tomilho, alecrim, funcho ou outras plantas benéficas.

Os legumes são cozidos no vapor, com ou sem cereais integrais e cogumelos.

Depois da refeição, uma boa tisana digestiva: mentol, verbena, funcho.

A vida é bela sem problemas digestivos, e que satisfação quando os intestinos libertos fizerem com que o abdómen diminua!

P. — *Eu não suporto os alimentos crus.*

R. — É porque o seu sistema digestivo se encontra deficiente, razão de sobra para lhe dar repouso. Comece pelos lacticínios, sêmolas, sumos de legumes, com água, se achar necessário, que devem ser bebidos no início das refeições, e sumos de fruta, que devem ser bebidos fora das refeições.

Depois, lentamente, consuma alimentos crus cortados muito finos, mastigue-os bem para os digerir melhor.

Coza os legumes no vapor e vá diminuindo o tempo de cozedura à medida que se vai habituando.

P. — *Não tenho tempo suficiente para fazer tudo o que aconselha.*

R. — Faça o que puder. Nunca se arrependerá de se levantar um quarto de hora mais cedo para fazer dez minutos de movimentos e de boa respiração. Este quarto de hora dar-lhe-á energia para todo o dia, sobretudo se em seguida tomar um duche e fizer depois uma fricção com escova própria ou luva de crina.

P. — *O seu regime alimentar é muito caro?*

R. — É certo que os legumes ou frutos biológicos são mais caros, cerca de 10 a 15% mais. O azeite, o pão integral, os cereais integrais, o açúcar mascavado são um pouco mais caros, mas, por outro lado, comerá menos carne e desperdiçará menos pão; o pão integral conserva-se durante uma semana. Se conseguir suprimir o álcool, o tabaco, o café, os medicamentos inúteis, feitas as contas, verificará que fica a ganhar.

Conclusão

P. — Se bem entendo, basta modificar a alimentação, fazer movimentos e tudo correrá bem?

R. — Tudo correrá melhor; embora a alimentação e o exercício físico desempenhem um papel importante, não são tudo. Temos necessidade é de um ideal, de um objectivo. O seu objectivo actual será conseguir um abdómen normal, que só poderá conseguir melhorando a saúde.

A atmosfera e o ambiente influenciam consideravelmente a nossa saúde. A paz interior, a confiança em si mesmo, a segurança desempenham um papel equilibrante sobre o bom funcionamento do organismo. Eis porque a prática do ioga abre novos horizontes.

Ter bons amigos que partilhem as suas convicções, amar a natureza, praticar um desporto ou muito simplesmente fazer longas caminhadas o mais frequentemente possível.

Existem locais onde nos sentimos bem, outros onde nos sentimos mal, porque as pessoas, as coisas, os locais emitem ondas benéficas ou doentias; não esqueçamos que estamos em consonância com tudo o que nos rodeia. A fonte da vida é a energia e devemos evitar tudo o que a perturba. Tentemos viver no ambiente que nos convém.

P. — Os legumes fornecem-nos tanta energia como a carne?

R. — Muito mais, mas não devem ser tratados com produtos químicos, mas cultivados em terrenos biológicos, isto é, enriquecidos por processos naturais, estrume, adubo, algas, cinza de madeira, etc., que fornecem à terra o equilíbrio desejável à vida vegetal. Os legumes e a fruta devem ser frescos, maduros, lavados rapidamente e comidos de preferência crus.

A cozedura dos legumes deve ser feita em lume brando numa caçarola esmaltada, sem gordura e sem água. Assim preparados, os legumes oferecer-lhe-ão não só as vitaminas e sais minerais como também todos os seus aromas.

Pode consultar todas as boas revistas de dietética.

P. — *Não me é possível modificar a este ponto a minha alimentação e não disponho de local para praticar, em minha casa, o ioga ou a ginástica.*

R. — Nesse caso, observe as seguintes regras:

— mastigue bem os alimentos até estes se transformarem em papa;

— não ingira líquidos durante as refeições;

— ingira tisanas digestivas após a refeição, se assim o desejar:

— ingira tisanas de manhã, em jejum, ou antes de se deitar, tendo em conta o seu estado (ver pág. 74);

— faça, se puder, massagens reflexas ou digitopunctura;

— tome uma colher de argila de manhã em jejum (pág. 46);

— aprenda a respirar e a relaxar-se;

— suprima, o mais que puder o açúcar, o álcool, o café, a gordura animal, a pimenta.

Se puder, inscreva-se num clube de ioga ou faça a sua reeducação com um bom cinesiterapeuta.

Se conseguir fazer um dia de dieta, os resultados serão ainda melhores.

A limpeza dos intestinos pela cura Xanti pode também ser-lhe útil e, se lhe associar as regras de higiene enumeradas previamente, pode conseguir excelentes resultados.

Índice

Introdução	9
Diminuir o volume do abdómen para conseguir um equilíbrio geral	9
Uma prescrição	14
A alimentação	17
Pequeno resumo de dietética	17
Proteínas	17
Glúcidos	19
Lípidos	21
Sais minerais — (Oligoelementos)	22
Vitaminas	26
Diversidade de regimes	30
Regime de baixas calorias	30
Regime hiperprotídico	32
Regime lipidoprotídico	32
A macrobiótica	33
As radiações dos alimentos	35
A instintivoterapia	36

O vegetarianismo	37
As incompatibilidades alimentares	39
Os alimentos excepcionais	42
A levedura alimentar	42
Os óleos vegetais	43
O gérmen de trigo	43
O leite coalhado	44
O iogurte	44
A couve	44
O limão	45
As algas marinhas	46
A argila	46
Os sumos de legumes	48
Os sumos de fruta	49
O jejum	50
A alimentação ideal	52
Vencer as perturbações digestivas	**55**
A prisão de ventre	55
Porque se sofre de prisão de ventre	55
Como vencer a prisão de ventre?	56
Os intestinos sujos	59
O método do ioga	60
A lavagem do intestino	61
A cura Xanti	62
O estômago distendido	63
A higiene alimentar:	64
lavagem do estômago	65
As distensões abdominais	66
As colites — As gastrites	68
Fígado cansado	70
Os inimigos do fígado	71
Os amigos do fígado	71
As plantas benéficas	**73**
A fitoterapia	73
Modos de utilização	73

A aromaterapia 75
   Modo de utilização 75

As Automassagens 77
A digitopunctura 77
O *DO-IN* 80
A reflexologia plantar 82

Os Exercícios Físicos 85
A marcha 85
O ioga 86
   As posições 87
   A respiração 90
   O relaxamento 95
A ginástica 96

Conclusão 99
As diversas possibilidades 99
Como programar um dia 101
Respostas às perguntas mais frequentes 102